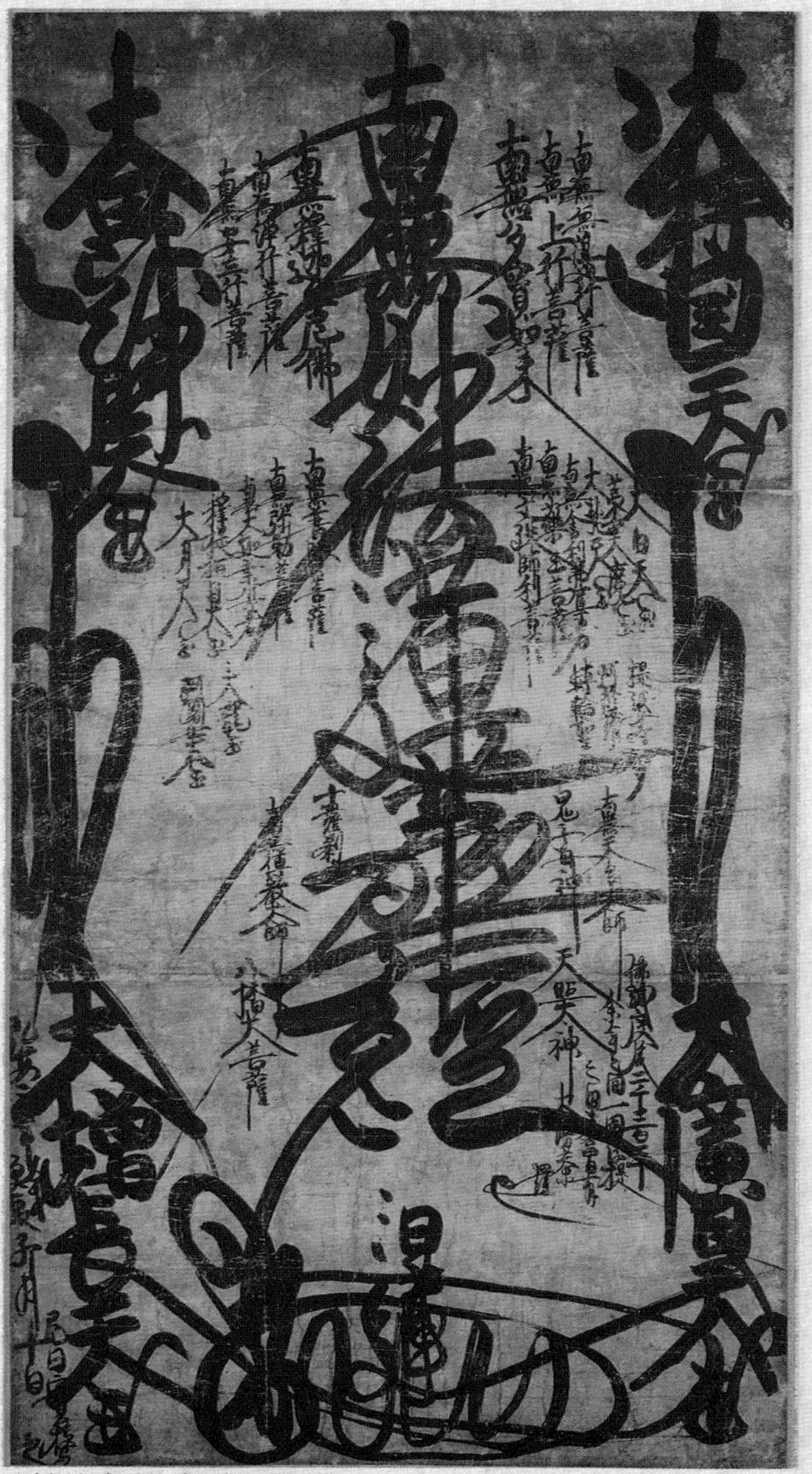

日蓮聖人大曼《にちれんしょうにんだいまん》荼《だ》羅《ら》本尊《ほんぞん》

釈尊による法華経の救いの世界を示した日蓮宗の本尊。中央には法華経への絶対的な帰依を誓う「南無妙法蓮華経」の七字が力強く書きあらわされている（妙本寺蔵、神奈川県立歴史博物館提供）

日蓮聖人像《にちれんしょうにんぞう》
（波木井御影《はきりみえい》）

日蓮は「南無妙法蓮華経」の題目が宇宙の真理であり、これを唱えることですべての人々が成仏できると説いた
（身延山久遠寺蔵）

清澄寺《せいちょうじ》

千葉県鴨川市にある日蓮宗大本山。若き日の日蓮はここで研鑽を積み、のちに日蓮宗の立教開宗の宣言を行った

『日蓮上人《にちれんしょうにん》』

清澄山で「南無妙法蓮華経」の題目を唱える日蓮の姿を、近代日本画の巨匠・横山大観が描いたもの（横山大観筆、東京国立博物館蔵）

俎岩《まないたいわ》

伊豆半島・城ヶ崎海岸の岩礁。幕府を批判して流罪となった日蓮は、ここに放置されたと伝わる

日蓮聖人絵伝《にちれんしょうにんえでん》
（龍《たつ》の口《くち》法難《ほうなん》の図《ず》）

日蓮には伝説が多い。図は龍の口の刑場で処刑されようとしていたとき、突然、謎の発光物が出現した場面を描いたもの
（植中直齋筆、身延山久遠寺蔵）

日蓮聖人辻説法跡《にちれんしょうにんつじせっぽうあと》

鎌倉入りした日蓮はここで『法華経』の教えを説いたとされる。近年、この隣接地に日蓮堂という施設がつくられた

妙法蓮華經提婆達多品第十二　五
尒時佛告諸菩薩及天人四衆吾於過去無
量劫中求法華經無有懈惓於多劫中常作
國王發願求於無上菩提心不退轉為欲滿
足六波羅蜜勤行布施心無悋惜象馬七珎
國城妻子奴婢僕從頭目髓腦身肉手足不
惜軀命時世人民壽命無量為於法故捐捨
國位委政太子擊鼓宣令四方求法誰能為
我說大乘者吾當終身供給走使時有仙人
來白王言我有大乘名妙法蓮華經若不違

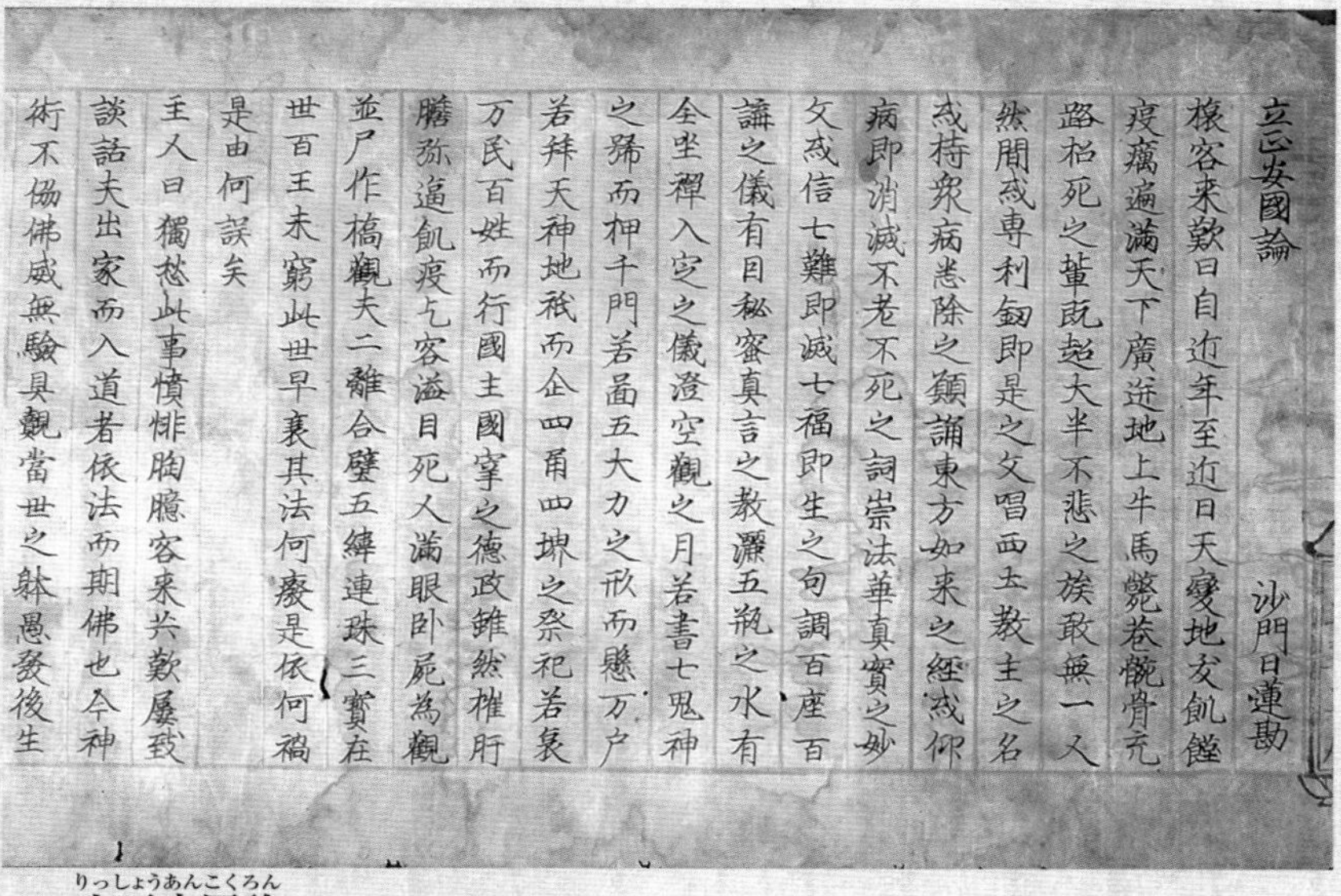

立正安國論　沙門日蓮勘
旅客來歎曰自近年至近日天變地夭飢饉
疫癘遍滿天下廣迸地上牛馬斃巷骸骨充
路招死之輩既超大半不悲之族敢無一人
然間或專利劒即是之文唱西土教主之名
或持衆病悉除之願誦東方如來之經或仰
病即消滅不老不死之詞崇法華真實之妙
文或信七難即滅七福即生之句調百座百
講之儀有因秘密真言之教灑五瓶之水有
全坐禪入定之儀澄空觀之月若書七鬼神
之號而押千門若圖五大力之形而懸万戶
若拜天神地祇而企四角四堺之祭祀若哀
万民百姓而行國主國宰之德政雖然惟肝
膽弥逼飢疫乞客溢目死人滿眼臥屍為觀
並尸作橋觀夫二離合璧五緯連珠三寶在
世百王未窮此世早衰其法何廢是依何禍
是由何誤矣
主人曰獨愁此事憤悱胸臆客來共歎屢致
談話夫出家而入道者依法而期佛也今神
術不協佛威無驗具覿當世之體愚發後生

立正安国論《りっしょうあんこくろん》

日蓮の代表的著作。末法時代の日本を救済するには、法華経に帰依することが必要であると書かれている（身延山久遠寺蔵）

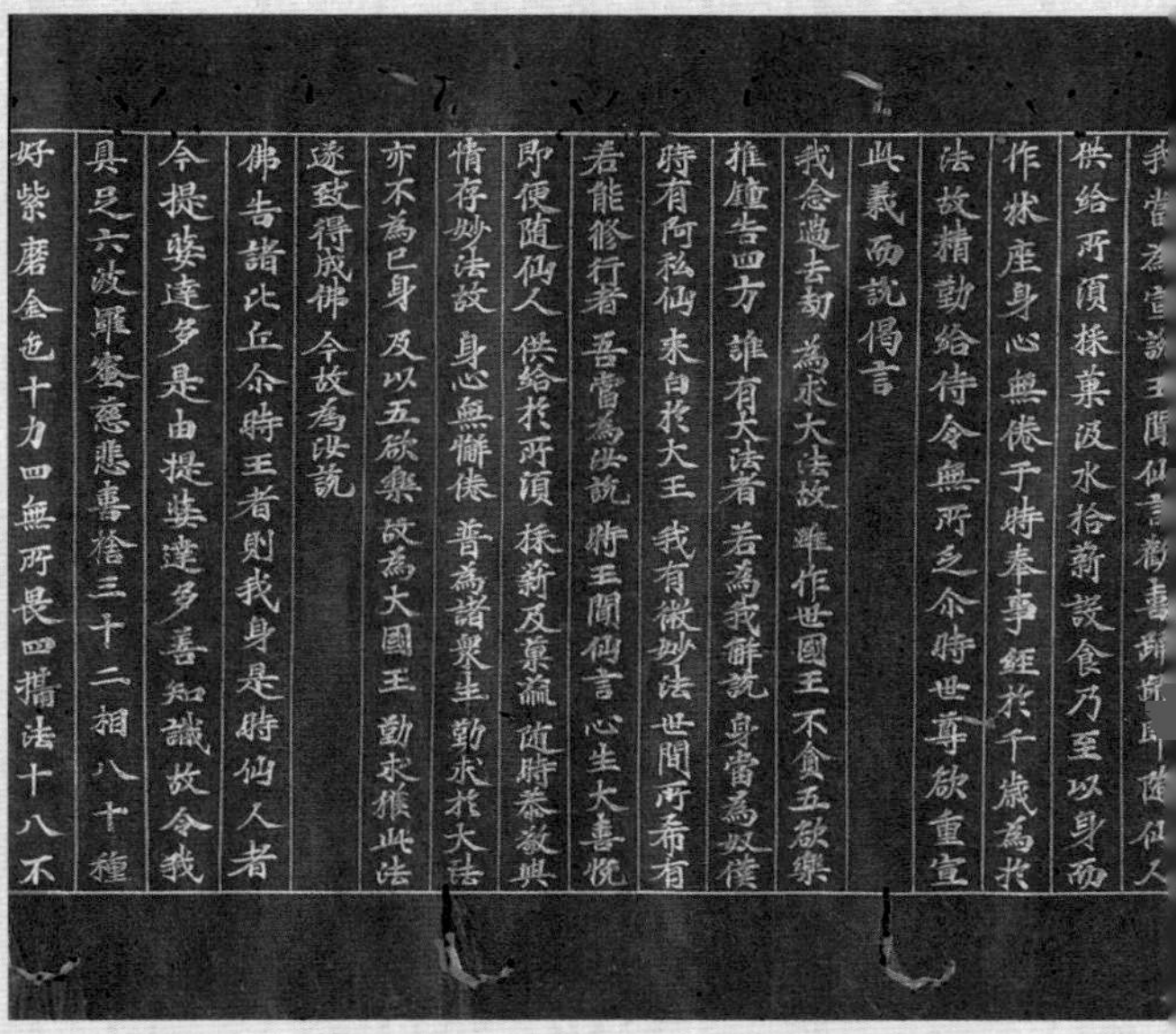

我當爲宣説王聞仙言歡喜踊躍即隨仙人
供給所須採菓汲水拾薪設食乃至以身而
作牀座身心無倦于時奉事經於千歳爲於
法故精勤給侍令無所乏爾時世尊欲重宣
此義而説偈言
我念過去劫　爲求大法故　雖作世國王　不貪五欲樂
搥鍾告四方　誰有大法者　若爲我解説　身當爲奴僕
時有阿私仙　來白於大王　我有微妙法　世間所希有
若能修行者　吾當爲汝説　時王聞仙言　心生大喜悦
即便隨仙人　供給於所須　採薪及菓蓏　隨時恭敬與
情存妙法故　身心無懈倦　普爲諸衆生　勤求於大法
亦不爲己身　及以五欲樂　故爲大國王　勤求獲此法
遂致得成佛　今故爲汝説
佛告諸比丘爾時王者則我身是時仙人者
今提婆達多是由提婆達多善知識故令我
具足六波羅蜜慈悲喜捨三十二相八十種
好紫磨金色十力四無所畏四攝法十八不

妙法蓮華経巻第五《みょうほうれんげきょうかんだいご》

紺紙に金字で書かれた平安時代の法華経写本。見返しには金銀泥で「提婆達多品」の経意絵が描かれている（京都国立博物館蔵）

身延山久遠寺《みのぶさんくおんじ》

日蓮宗の総本山である久遠寺には、樹齢400年と伝わるしだれ桜があり、春先になると枝いっぱいに美しい花を咲かせる

日蓮聖人御幼像《にちれんしょうにんごようぞう》

日蓮生誕の地に建立された誕生寺には、幼年期の日蓮の像が立っている

釈迦如来立像《しゃかにょらいりゅうぞう》

法華経では釈尊は永遠不滅の存在とされ、いつの世でも人々を救済し続ける（誕生寺蔵、神奈川県立歴史博物館提供）

図説

ここが知りたかった!

日蓮と法華経

永田美穂［監修］

青春出版社

はじめに

富士山と海……それも荒海、そして桜。

日本の仏教史上、日蓮《にちれん》（聖人《しょうにん》）ほど、わが国の象徴である「富士・海・桜」に縁の深い宗教家はいない。日蓮は房総《ぼうそう》の海育ち、伊豆《いず》や佐渡《さど》への流罪《るざい》を経験し、晩年を富士の麓《ふもと》の身延《みのぶ》で過ごした。そして、臨終《りんじゅう》のときには季節はずれの桜が咲いていたのだ。

平安・鎌倉の世の日本における優れた宗教家は、信仰上はもとより、影響力の強い社会的指導者でもあった。日蓮はその生涯を通じ、当時「末法《まっぽう》」と呼ばれていた仏教衰退の始まりとされる時代に、仏教信仰のあり方を根本的に問い直すとともに、日本の国のあり方にも強い関心をもって、多角的で命がけの警世《けいせい》活動を貫いた人である。

その精力的な宗教活動の根本エネルギーは、現代であれば学者や知識人、政治家が束《たば》になっても太刀《たち》打《う》ちできない視点の広さや学殖《がくしょく》に裏打ちされている。

また日本や中国の歴史書・古典文学に通じた蓄積《ちくせき》から、人情味に富む古今の物語りの名人であった。反面、私利私欲《しりしよく》のない日常生活は、過酷な試練に耐え抜く修行者そのもので、とくに悲痛の女性への視線が温かい、本質的にまじめで純情な宗教指導者でもあった。

しかし現代では、そうした日蓮の全体像は意外と知られておらず、評価も正当ではない。

一方、日蓮・日蓮宗といえば、法華経《ほけきょう》を絶対的に重んじることで知られている。

法華経はあらゆる仏教経典のなかでも最高の経典「諸経の王《しょきょうのおう》」とされ、聖徳太子《しょうとくたいし》以来、仏教界のみならず広く一般の人々にも受け入れられてきた。しかし、その肝心の内容は専門的にも決してわかりやすいものではなかった。「南無妙法蓮華経《なむみょうほうれんげきょう》」の題目《だいもく》を唱《とな》えれば救われると教えられてはいても、なぜ救われるのかとなると多くの人は理解が及ばなかった。

そうした事情は今も昔も同じだが、現代こそ法華経が素直に知られるべきである。法華経を知ることは、この経文の〝華やかで面白い、かつ美しく厳しい〟世界、つまり仏教の豊かな魅力を直接知る機会になり得るし、一般の人々の寺院や僧侶への理解や交流をいっそう深めることにつながるからだ。

本書では、日本史上、突出して影響力をもつ宗教家のひとりである日蓮と、古来、日本人の血肉となってきた法華経の教えを、出来るかぎり総合的に、しかし客観的な視線は逸《そ》らさぬように紹介している。図版や写真も数多く挿入《そうにゅう》し、わかりやすさを第一に心掛けた。

今、富士山は荒れ、海は汚れ、桜は切られ放題。政治も社会も人情も混乱する現代は、日本といわず地球規模での「末法的な」時代といえるのではないだろうか。本書が、読者の方々にとって、混沌《こんとん》の時代を生き抜く知恵となることを信じたい。

永田美穂

図説　ここが知りたかった！　日蓮と法華経●目　次

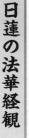

第七章　法華経二十八品　165

目　次

カバー写真提供／身延山久遠寺・京都国立博物館・ピクスタ
執筆協力／平尾和雄
図版・DTP／ハッシイ

日蓮 関連地図

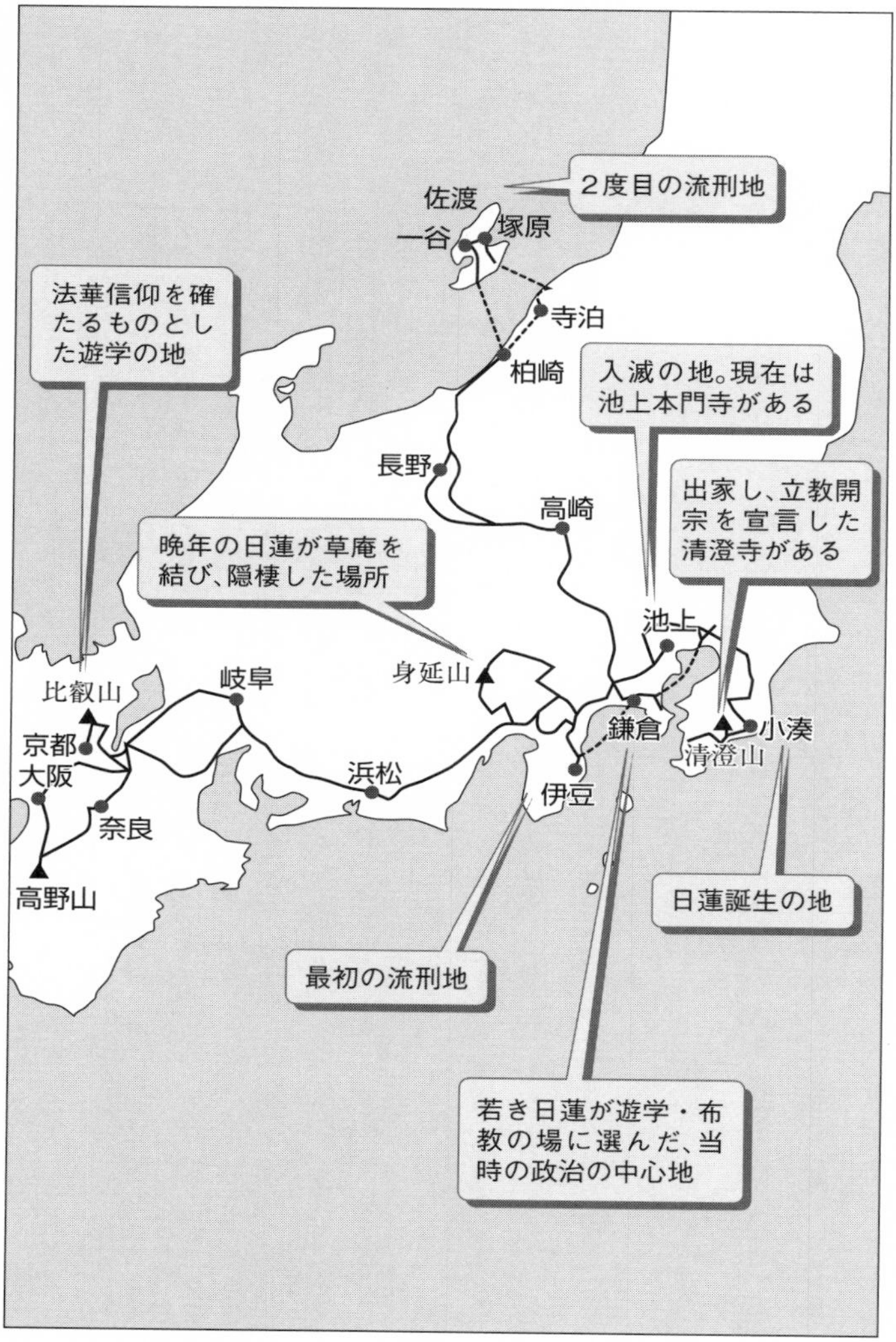
2度目の流刑地
佐渡
塚原
一谷
寺泊
法華信仰を確たるものとした遊学の地
柏崎
入滅の地。現在は池上本門寺がある
長野
高崎
出家し、立教開宗を宣言した清澄寺がある
晩年の日蓮が草庵を結び、隠棲した場所
池上
身延山
比叡山
岐阜
鎌倉
小湊
京都
清澄山
大阪
浜松
伊豆
奈良
高野山
日蓮誕生の地
最初の流刑地
若き日蓮が遊学・布教の場に選んだ、当時の政治の中心地

序章

日蓮と法華経

末法時代の光明

混沌の世にあらわれた真の教え

2 新宗派が乱立した末法時代

いまから約八百年前、平安《へいあん》時代末期から鎌倉《かまくら》時代にかけて、日本は社会全体が無常観《むじょうかん》や厭世観《えんせいかん》に覆《おお》い尽くされていた。武士の台頭とともに戦乱が相つぎ、地震や火災、飢饉《ききん》、疫病《えきびょう》などの天変地異《てんぺんちい》が頻発《ひんぱつ》したため、人々は身も心も疲れきっていた。

その背景にあったのが末法思想《まっぽうしそう》である。末法思想とは、仏教の開祖・釈尊《しゃくそん》の涅槃《ねはん》（死）を基準に教えの受け止められ方を考えた思想のこと。釈尊の死後二千年経つと「末法」の時代になるとされ、日本では平安時代末期に末法時代に入ったと考えられていた。

当時の日本社会は、まさに末法そのもので、多くの人々がこの世に救いを見出せなくなっていたのである。

そうしたなか、人々の心の受け皿となるべき仏教界に新たな潮流が生まれる。世の中の混乱や不安を解決するには、加持祈祷《かじきとう》などに頼る既存の仏教では不十分と考える高僧たちが出てきて、「鎌倉仏教」と呼ばれる新しい宗派がいくつも成立したのである。

もっとも大きな勢力となったのは、法然《ほうねん》の浄土宗《じょうどしゅう》や親鸞《しんらん》の浄土真宗《じょうどしんしゅう》に代表される念仏《ねんぶつ》の教えだった。すなわち「南無阿弥陀仏《なむあみだぶつ》」と念仏を称《とな》えて来世《らいせ》の極楽浄土《ごくらくじょうど》での往生《おうじょう》を求める教えだ。栄西《えいさい》の臨済宗《りんざいしゅう》や道元《どうげん》の曹洞宗《そうとうしゅう》に代表される禅《ぜん》の教えも、幕府をはじめとする権力者に取り入りながら勢力を拡大していった。

❷法華経信仰を説く日蓮

そしてもうひとつ、諸宗乱立のなかで多くの人々の信仰を集めた教えがある。日蓮《にちれん》の説く法《ほ》華経《けきょう》の教えだ。

法華経とは、釈尊の大慈悲《だいじひ》によって、人々が永遠に救われることを説いた至高の経典。念仏の教えが極楽浄土への往生という死後のものであるのに対し、法華経は現世利益《げんせりやく》を中心とするのが特徴で、聖徳太子《しょうとくたいし》以来、偉大な仏教者、為政者《いせいしゃ》、そして一般庶民にまで広く信仰されてきた。

日蓮は、この法華経こそが末法の世の人々を救う唯一の教えだと確信し、「南無妙法蓮華《なむみょうほうれんげ》経《きょう》」の題目《だいもく》を世に広めるべく、布教活動に邁進《まいしん》したのである。

だが、法華《ほっけ》信仰に生きた日蓮の生涯は艱難辛苦《かんなんしんく》の連続だった。日蓮が故郷の安房小湊《あわこみなと》（千

末法思想とは

時期	正法《しょうほう》	像法《ぞうほう》	末法《まっぽう》
内容	釈尊入滅後、500年間または1000年間	正法のあとの500年間または1000年間	釈尊入滅後、1500年から2000年あと
教え	○	○	○
修行	○	○	×
悟り	○	×	×

※年数については諸説あり。日本では1052年を末法初年とする

葉県鴨川《かもがわ》市）で立教開宗を宣言したのは一二五三（建長《けんちょう》五）年四月二十八日のことであり、これがいまに続く日蓮宗のはじまりとなったが、日蓮にとっては苦難のはじまりともなってしまった。

　新しい教えが世間から迫害・弾圧《だんあつ》されるのは、いまも昔も世のならいといえる。しかも日蓮の場合、他宗への徹底的な折伏《しゃくぶく》（多くは攻撃的）を行なったり、権力者に法華経への帰依《きえ》を激しく迫ったため、他宗の信者（とくに念仏信者）や幕府から目の敵《かたき》にされた。

　その結果、日蓮は六十一年の生涯に大きなものだけで四度もの法難《ほうなん》にさらされることになる。襲撃にあい、島流しにされ、刑場に連れて行かれて処刑されかけたこともあった。

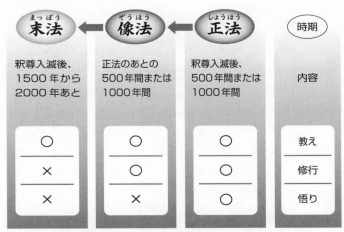

念仏信仰と法華信仰のちがい

	念仏信仰	法華信仰
となえる文句	南無阿弥陀仏《なむあみだぶつ》	南無妙法蓮華経《なむみょうほうれんげきょう》
根本経典	浄土三部経 （無量寿経・観無量寿経・阿弥陀経）	法華経
尊崇する仏	阿弥陀仏	法華経の説く釈尊
救い	死後、極楽浄土へ往生する	現世利益の色合いが強い
宗派	浄土宗・浄土真宗・時宗	おもに日蓮宗とその系統

こうして幾多《いくた》の困難に見舞われた日蓮だが、彼は不屈の精神をもって法華経への信仰を貫き通す。死をも恐れず、人々を、そして国家を救済しようとした日蓮は、まさしく仏教界の革命児的存在だった。その信念は多くの人々の心を揺り動かし、やがて大きなうねりとなって一大宗教へと発展。その法脈《ほうみゃく》はいまも連綿《れんめん》と受け継がれている。

現在の日本は、日蓮が生きた時代と同じように末法の世を思わせる。そんな日本と日本人に必要とされているのは、「法華経に帰依せよ」と説く日蓮の教えにちがいない。

ここからは、日蓮の生涯をたどり、彼が命を捧げた法華経の教えについて詳しく見ていくことにする。

第一章

救世主の出現

第一章
救世主の出現

誕生

謎と伝説に彩られた日蓮の出自

安房小湊で生まれる

日蓮《にちれん》は一二二二（貞応元《じょうおう》）年二月十六日、安房国長狭郡東条郷片海小湊《あわのくにながさのごおりとうじょうのごうかたうみこみなと》（千葉県鴨川《かもがわ》市天津小湊《あまつこみなと》）に生まれたとされている。

小湊は房総《ぼうそう》半島の太平洋に面した小さな漁村だったが、東条郷は一一八四（寿永《じゅえい》三）年に一《いち》の谷《たに》合戦の戦勝祝いとして、源頼朝《みなもとのよりとも》から伊勢神宮《いせじんぐう》に寄進された御厨《みくりや》（食糧や供え物を上納《じょうのう》する土地）。つまり、由緒《ゆいしょ》ある土地柄だった。

日蓮の遺文《いぶん》に「東条郷は右大将家（頼朝）が立てた日本第二の御厨」とあることから、彼がこの故郷に対して特別な思いを抱いていたことがうかがえる。

生後間もない日蓮には「善日麿《ぜんにちまろ》」という幼名がつけられ、聡明《そうめい》かつ健康な子に成長した。幼少時代についてはそれくらいしか記録にないが、他の宗教上の偉人と同じように、日蓮にもいくつかの生誕伝説が残されている。

まず生家の近くの「妙《たい》の浦《うら》」では、日蓮が誕生したさいに鯛《たい》が舞い踊って祝福したといわれ

安房の故郷

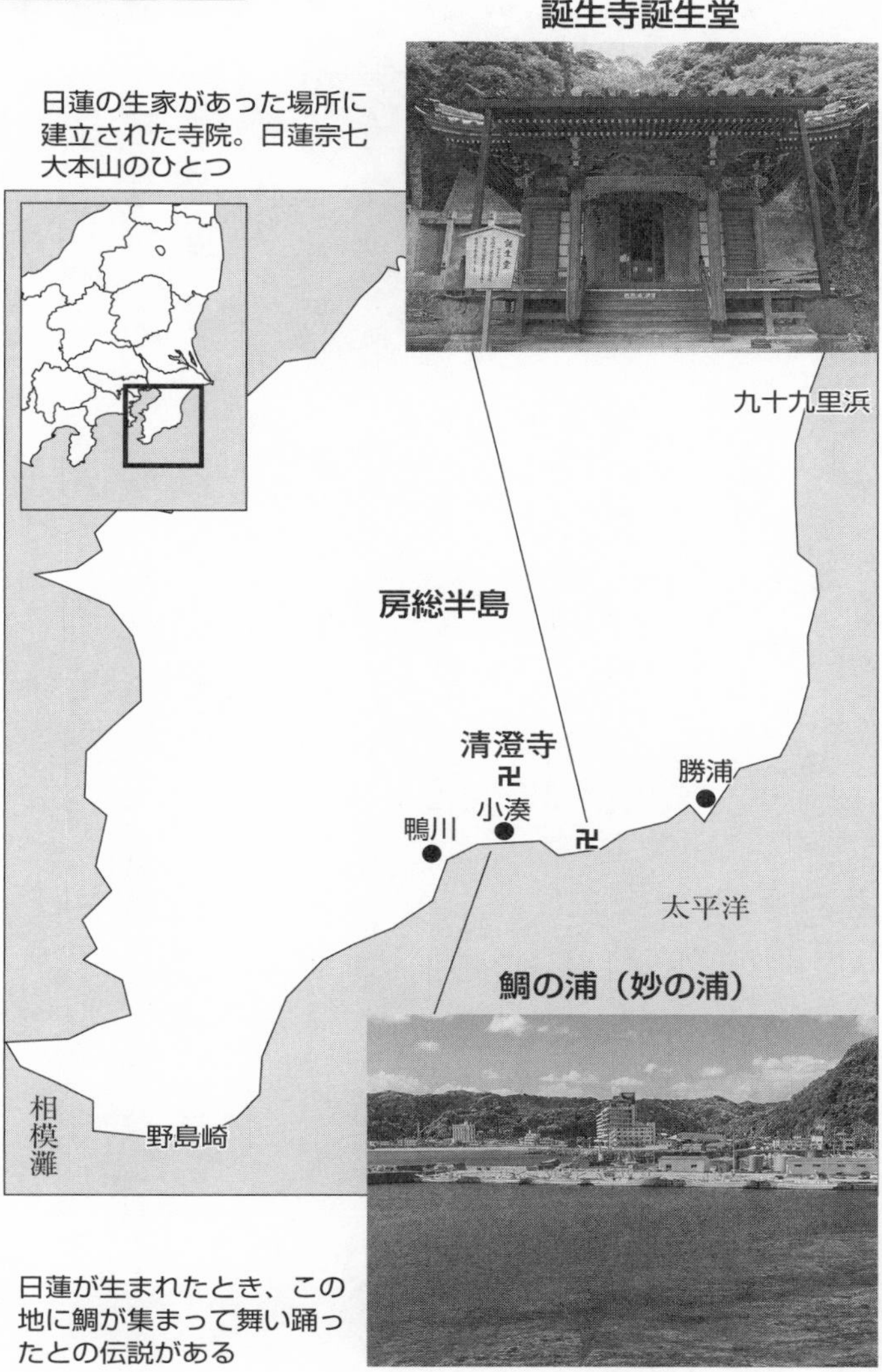

日蓮の生家があった場所に建立された寺院。日蓮宗七大本山のひとつ

日蓮が生まれたとき、この地に鯛が集まって舞い踊ったとの伝説がある

ている。

そのため現在は「鯛《たい》の浦《うら》」とも記され、禁漁の聖域となっている。また誕生の日、静かな海上に青蓮華《しょうれんげ》が十数茎生じたとか、生家の庭先に涌《わ》き出した清水を人々が汲んで浴場としたなどの言い伝えもあり、日蓮の出世譚《たん》に神秘的な彩りを添えている。

漁民の子か、それとも武士の子か

このように、日蓮の生年、生誕地についてはおおよそはっきりしている。家系については公家《くげ》説、荘官《しょうかん》説、豪族《ごうぞく》説、武家説、漁民説、御落胤《ごらくいん》説など、さまざまな説があってはっきりしないが、有力なのは次のふたつである。

ひとつは漁民の子説だ。これは、日蓮自身が「海人《あま》の子」「東海の旃陀羅《せんだら》（古代インドのカースト制の一身分）の子」と遺文のあちこちで述べていることを根拠としている。

もちろん「旃陀羅」の呼称に文字どおりの意味はなく、殺生《せっしょう》を生業《なりわい》としている漁民を卑下《ひげ》した言い方だったとする見方が強い。

もうひとつは武士の子説である。これは、日蓮の伝記『日蓮聖人註画讃《にちれんしょうにんちゅうがさん》』を根拠とする。同書には、日蓮の父は聖武《しょうむ》天皇の末裔《まつえい》にあたる武士・貫名重実《ぬきなしげざね》の子の重忠《しげただ》で、母は平安時代

武士の子説の根拠（『日蓮聖人註画讃』より）

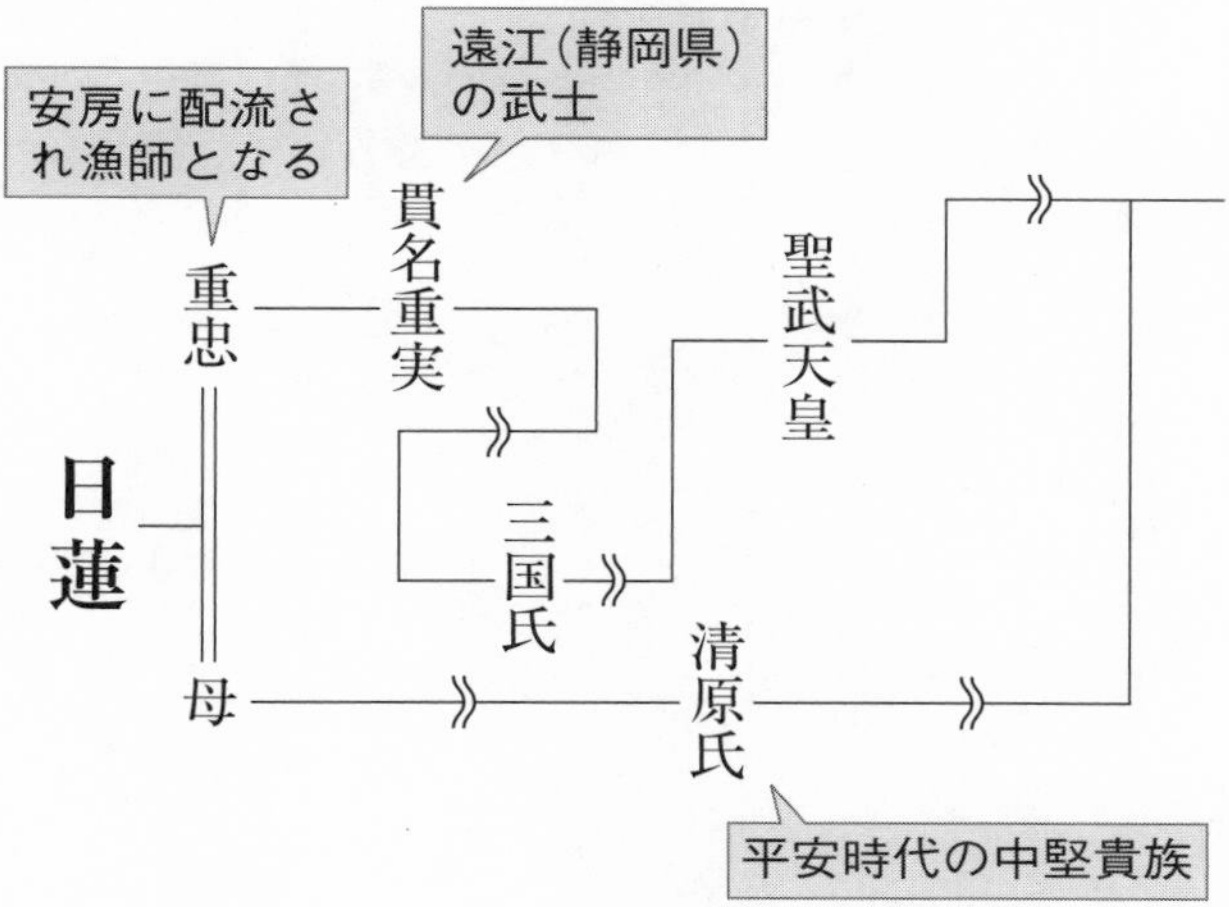
遠江（静岡県）の武士
安房に配流され漁師となる
天武天皇
聖武天皇
貫名重実
重忠
日蓮
三国氏
母
清原氏
平安時代の中堅貴族

の中堅貴族である清原《きよはら》氏の出身と記されているのだ。重忠は何らかの罪で安房に配流《はいる》されて漁師になり、そこで日蓮が生まれたとも書かれている。

ただし、この伝記は日蓮の没後百年以上過ぎた室町時代中期に成立したものであるため、記述内容の真偽は定かではない。

さらに江戸時代になると『本化別頭仏祖統《ほんげべつずぶっそとう》記《き》』に貫名氏が藤原冬嗣《ふじわらのふゆつぐ》の流れを汲む井伊《いい》氏の出と記されるようになるが、これも事実かどうかわからない。

日蓮自身は貫名氏の出であることを少しも述べていないことから、現在では漁民の子、それも有力な漁民の家に生まれたという解釈が一般に定着している。

第一章

救世主の出現

出家

「日本第一の智者」をめざし、学問・思索を開始

海の子から寺の子へ

一二三三（天福《てんぷく》元）年、当時十二歳の日蓮は海で魚を追う生活を止め、生家から十キロほど離れた清澄寺《せいちょうじ》に入った。清澄寺は慈覚大師《じかくたいし》円仁《えんにん》を中興《ちゅうこう》の祖とする天台宗《てんだいしゅう》の寺院だったため、僧たちは同宗の根本の教えのひとつである密教《みっきょう》や念仏《ねんぶつ》の修行を行なっていた。

日蓮はこの寺で「薬王丸《やくおうまる》」と名を改め、道善房《どうぜんぼう》という僧を師として修行に励む。入寺の動機は知的欲求を満たすことで、日本第一の智者《ちしゃ》となることを望んだ。智とは単なる知識ではない。仏の智慧《ちえ》と慈悲《じひ》の精神、すなわち真理の探究である。

そして真理を求めてひたすら修行に打ち込んでいると、ある日、不思議な出来事に遭遇する。寺内の虚空堂《こくうどう》に籠《こも》って本尊《ほんぞん》である虚空蔵菩薩《こくうぞうぼさつ》に「日本第一の智者となし給《たま》え」と一心に祈ったところ、虚空蔵菩薩が僧の姿で目前にあらわれ、日蓮に輝く智慧の宝珠《ほうじゅ》を与えたというのだ。

すると日蓮はすぐに凡血《ぼんけつ》（肉体を汚す悪い血）を吐き出し、それが周辺の笹《ささ》にかかってあざができた。いまも清澄寺に残る「凡血の笹」と呼ばれる斑《ふ》入りの笹は、当時の名残《なごり》の笹と伝え

清澄寺

標高 383 メートルの清澄山の山頂付近にある。日蓮は12歳の夏、道善房について寺の暮らしをはじめた

られている。

日蓮をとらえたふたつの疑問

その後、日蓮は念仏や密教の研鑽《けんさん》を積み、一二三七（嘉禎《かてい》三）年に十六歳で正式に出家《しゅっけ》、「蓮長《れんちょう》」と名のった。

十八歳頃になると、念仏についてはすっかり理解し、もはや修学の必要はないと断言できるほどになる。しかしこの頃、日蓮はふたつの疑問に直面していた。

ひとつは仏教に対する疑問である。当時、日本には南都六宗《なんとろくしゅう》をはじめとする十もの宗派があり、いずれも「自分の宗派が一番正しい教えを伝えている」と主張。互いに激しい論争を繰り返していた。

日蓮はこの状況を素直に受け止められなかった。そもそも仏教は釈尊《しゃくそん》ひとりの教え、ひとつの悟《さと》りの世界であるはずだ。それなのに、なぜいくつもの宗派にわかれて他宗を批判しあっているのか。真実の教えはどれなのか。

日蓮はこの疑問を師匠や先輩僧たちに何度も問いただしたが、満足のいく答えを得られなかったのである。

ふたつ目は国家に対する疑問である。

当時、鎌倉《かまくら》幕府と朝廷（公家《くげ》）は対立関係にあり、没落しつつあった朝廷が政権を取り戻すために、神仏の加護《かご》を頼んで幕府に戦いを挑んだ。しかし結局、朝廷は形式的には臣下である武士に大敗してしまう。

なぜ臣下の武士が勝利し、朝廷は敗れたのか。なぜ神仏の加護を得られなかったのか。この理不尽《りふじん》さは何なのか。日蓮の目は仏法を通して国家社会のあり方へと見開かれており、政治と宗教のあり方におおいに悩んだのである。

しかし考えても考えても、ふたつの難問はいっこうに解けなかった。日蓮はもはや清澄寺にとどまっているわけにはいかず、一二三八（暦仁《りゃくにん》元）年、真実の教えを探求するため鎌倉へ向かう決意をした。

日蓮のふたつの疑問

①仏教界についての疑問

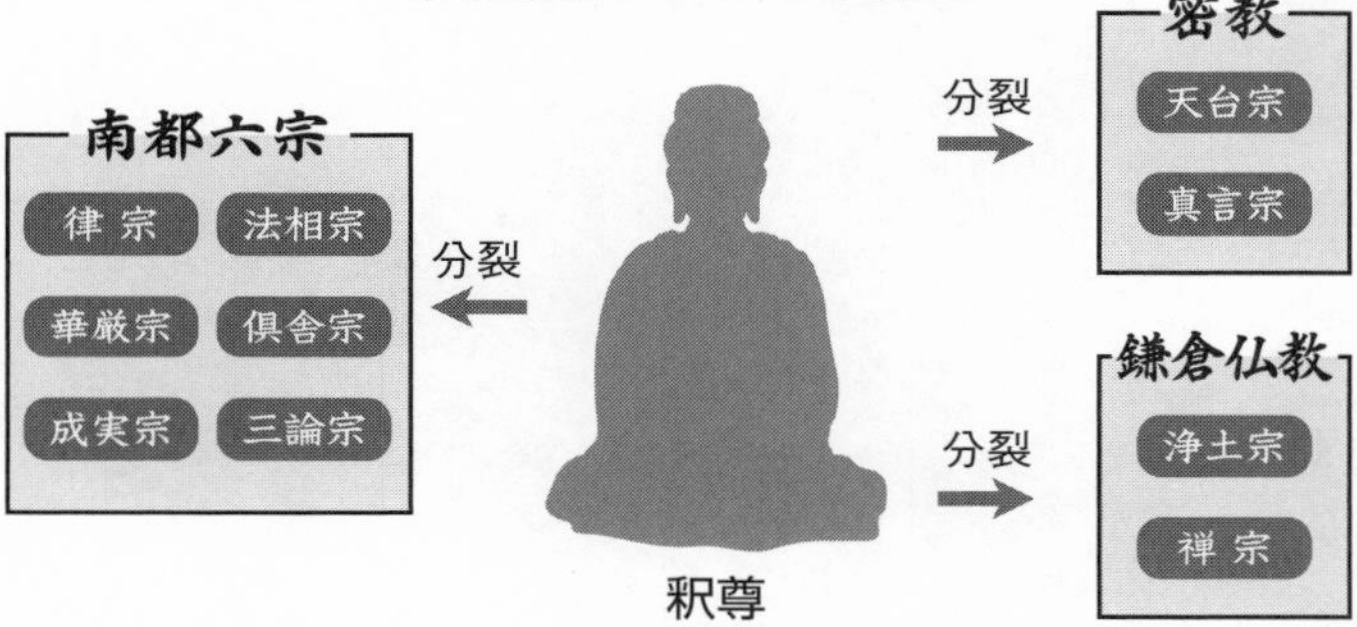

釈尊の教えはもともとひとつなのに、
なぜ十宗に分裂したのか？

②国家についての疑問

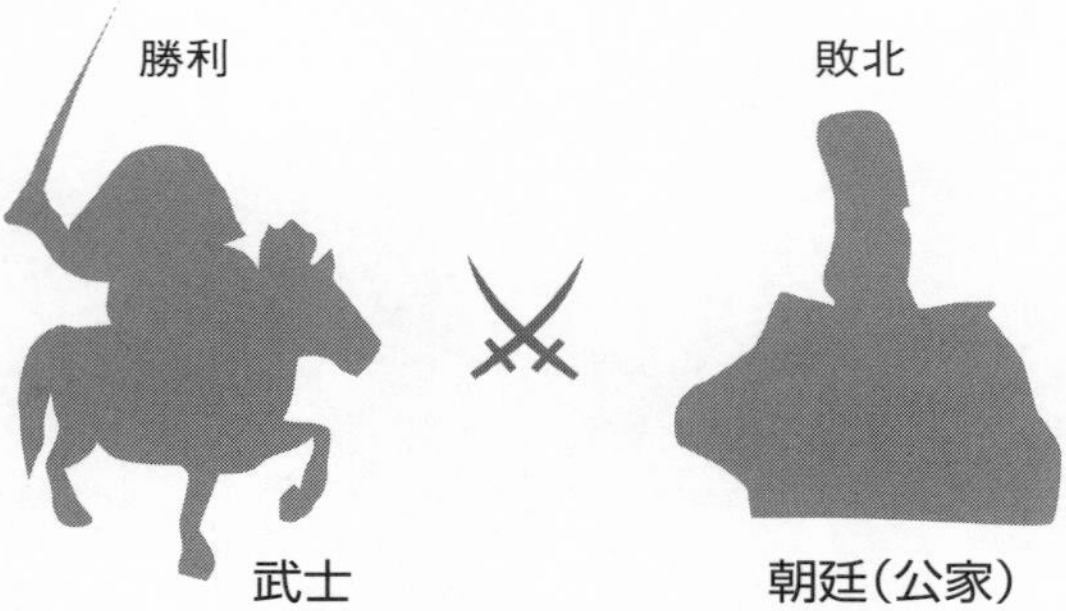

神仏の加護を受けたはずの朝廷が、
なぜ武士に敗北を喫したのか？

諸国遊学
法華経の教えに出会った京畿での修行

② 念仏の教えに対する失望

当時の鎌倉は武家政治の中心地で、経済的にも繁栄を見せていた。しかし、不穏な出来事が相ついで起きていた。

一二三九（延応《えんおう》元）年、執権《しっけん》・北条泰時《ほうじょうやすとき》が奇病にかかり心身錯乱状態に陥ったとの噂が広まったかと思えば、幕府を支える有力御家人《ごけにん》たちが次々と病死、さらにその翌年には大地震に見舞われるなど、鎌倉はおおいに混乱していたのだ。

鎌倉の仏教界は念仏や禅《ぜん》が主流で、名僧と呼ばれるような人々もたくさんいた。だが、彼らはこれらの混乱をおさめ、人々を苦しみから救うことができずにいた。

日蓮はそれまで師に従って念仏の教えを学び信じていたため、鎌倉でも当初は念仏修行に励んだが、こうした状況を見ていると念仏について疑念が生じてきた。

そして穏やかに大往生《だいおうじょう》を遂《と》げるはずの念仏信者が、臨終《りんじゅう》の間際で狂乱死したという衝撃的な話を聞いたことがきっかけで、念仏の教えに対して失望に近い感情を抱いてしまう。

鎌倉大仏

高徳院（浄土宗）の本尊・阿弥陀如来坐像。日蓮の時代の鎌倉仏教界では、念仏の教えが主流となっていた

日蓮は、念仏信者がなぜ狂乱死したのかを考えに考えた。自身ではわからなかったため、浄土宗《じょうどしゅう》や天台宗、真言宗《しんごんしゅう》といった宗派の僧たちにも尋ねてみた。ところが、各宗の先達《せんだつ》にも、その答えはわからなかった。

それでも日蓮は諦《あきら》めず、真に正しい教えは何か、どの教えを信じるべきなのかという問題を熟考する。他宗派にも目を向け、多くの先達に教えを請《こ》い、仏教そのものへの探究を深めた。

そうしたなかで強く惹《ひ》かれる教えと出会った。法華経《ほけきょう》の教えである。

法華経こそが真の教え

鎌倉で四年の修行を終えた日蓮は一二四二（仁治《にんじ》三）年、二十一歳のときに故郷に帰り、念仏を批判した『戒体即身成仏義《かいたいそくしんじょうぶつぎ》』を著《あらわ》す。

これが日蓮の処女作となった。

執筆後、ほどなく京都に遊学。天台宗の本山であり日本仏教の総本山ともいえる比叡山《ひえいざん》を中心に、多くの寺をまわって研鑽を積んだ。

そうしたなか、日蓮は法華経を重んじる初期の天台宗に着目する。

だが、当時の天台宗は法華経よりも密教を重んじており、日蓮の期待には応えてくれなかった。

結局、日蓮は天台の教えをひと通り学ぶと、比叡山を飛び出して畿内《きない》を旅しはじめた。

その旅のなかでさまざまな経典にふれ、多くの寺院を訪れて十宗を学びつくし、仏教界の現状を見た。

その結果、正しい経典にかなう宗派が正しい宗派であるとの考えに到達する。そしてさらに思索を続け、法華経こそが正しい経典であるとの確信にたどりついたのだ。

日蓮宗の教えのなかには「南無妙法蓮華経《なむみょうほうれんげきょう》」の題目《だいもく》に絶対的に帰依《きえ》し、唱題《しょうだい》（題目を唱《とな》える）を行なうことで世のなかのあらゆることを救済できると説く教えがある。この日蓮の根本思想というべき題目信仰の起源は、この京畿《けいき》遊学にあったのである。

比叡山からの遊学ルート

琵琶湖
①天台宗山門派の総本山。日蓮はここで天台教学をおさめた
比叡山
②天台宗寺門派の総本山。25歳のとき、この寺の傍に住んだ
京都
園城寺
(三井寺)
④聖徳太子が建立した寺。南都六宗をおさめた
⑤諸寺をしばらく歴遊した
四天王寺
奈良（南都）
南都六宗の大本山が寺門を構えていたが、日蓮の遺文に同地を訪れたという記録はない
高野山
③真言宗の総本山。真言密教を学んだ
比叡山延暦寺

日蓮は比叡山で天台教学をおさめたあと、一年あまり思索の旅に出て、法華経が真の教えだと確信。1253年に故郷の安房に帰った

第一章

救世主の出現

立教開宗

旭ケ森で朝日に向かって唱えた十遍の題目

失敗に終わった最初の説法

京畿で法華経という真の仏法を得た日蓮は、十数年に及ぶ遊学を終えて故郷の安房に帰国する。そして一二五三（建長《けんちょう》五）年四月二十八日の明け方、清澄山《せいちょうざん》山頂の旭ケ森《あさひがもり》からのぼり来る太陽に向かって「南無妙法蓮華経」の題目を十遍《ぺん》唱え、法華信仰に身を捧げる誓《ちか》いを立てた。

続いて師である道善房の持仏堂《じぶつどう》前に集まった僧や信者たちに対して、「いま、私たちを救うのは法華経の教え以外に存在しない」と第一声を放ち、法華経の法門《ほうもん》を説きはじめる。これが、いまに続く日蓮宗の立教開宗《りっきょうかいしゅう》のときである。

ところが、この説法《せっぽう》は成功とはいえなかった。何しろ当時の仏教は念仏の教えが全国的な主流であり、日蓮の前に集まった人々もほとんどが熱心な念仏信者だった。日蓮はそのなかで念仏を痛烈に批判し、法華経への帰依を唱えたため、聴衆たちから強い反感を買ってしまったのだ。この地の地頭《じとう》・東条景信《とうじょうかげのぶ》もおおいに怒った。その怒りは凄《すさ》まじく、日蓮の下山を待って殺害を企《くわだ》てるほどだった。

題目の意味

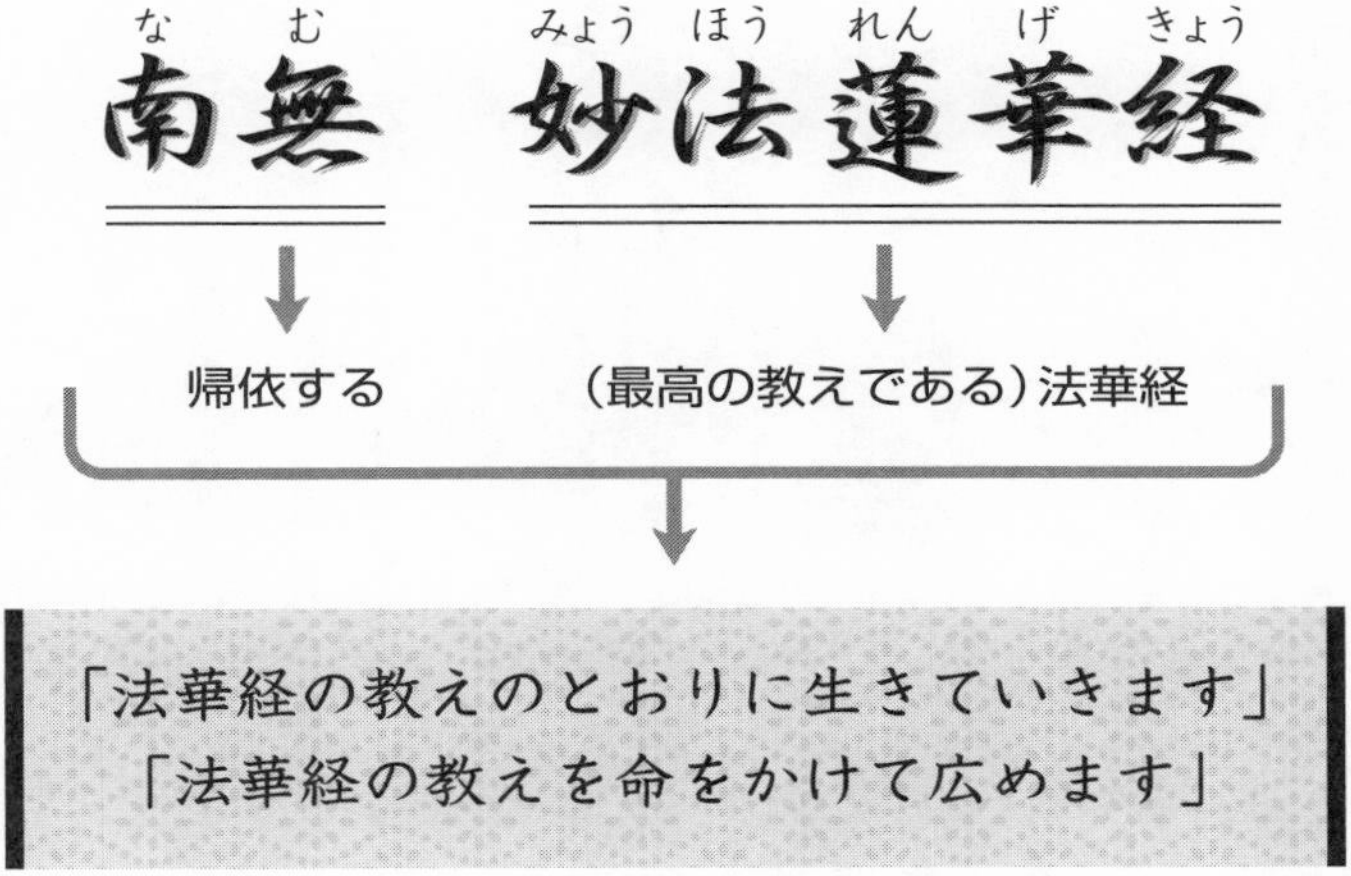
南無《なむ》　妙法蓮華経《みょうほうれんげきょう》
帰依する
（最高の教えである）法華経
「法華経の教えのとおりに生きていきます」
「法華経の教えを命をかけて広めます」

危機に陥った日蓮は、道善房のはからいでひそかに下山し、花房《はなぶさ》村の青蓮房《しょうれんぼう》に逃れ、どうにか死を免《まぬか》れた。

しかし、花房村でも迫害にさらされる。阿弥《あみ》陀堂《だどう》の開眼《かいげん》供養《くよう》で村民から説法をしてほしいと頼まれたとき、「娑婆《しゃば》世界（この世）では阿弥陀ではなく釈尊を信奉しなければならない」と説いたため、またしても念仏信徒が激怒、ついには花房村を追われることになってしまった。

ただし、日蓮は当初からこうした事態を予知しており、気持ちが揺らぐことは少しもなかった。

むしろ、この世を救済するには、いくら迫害されようとも真の教えを説くしかないと不退転《ふたいてん》の覚悟を決め、さらなる修行と布教に乗り出していったのである。

「日蓮」という法号の意味

その後、日蓮はふたたび鎌倉へ向かう。

故郷の小湊を出る前には、両親を法華経に帰依させた。もともと父母は熱心な念仏信者で、日蓮が鎌倉に出ることも止めようとしていたといわれる。だが、日蓮が道理に叶った説法を熱心に聞かせた結果、ついに回心《えしん》するに至ったのだ。

それ以降、父は「妙日《みょうにち》」、母は「妙蓮《みょうれん》」と名のり、法華信者として生涯を送ったと伝えられている。

そして日蓮自身は、「蓮長」から「日蓮」へと名を改めた。日蓮の「日」は「日月の光が暗闇を照らすように法華経を説き広め、人々の闇を滅する」という釈尊の言葉から、一方「蓮」は「汚れた泥沼のなかでもきれいな花を咲かせる蓮華《れんげ》のように、世間の汚れに染まらない」という同じく釈尊の言葉から選ばれたものだった。

つまり日蓮という法号《ほうごう》には、「太陽のように明るく、蓮華のように清らかに」という意味が込められていたのである。

旭ヶ森の日蓮像

1253 年 4 月 28 日、日蓮は旭ヶ森ではじめて「南無妙法蓮華経」の題目を唱え、法華経の布教を決意した

日蓮の名前の変遷

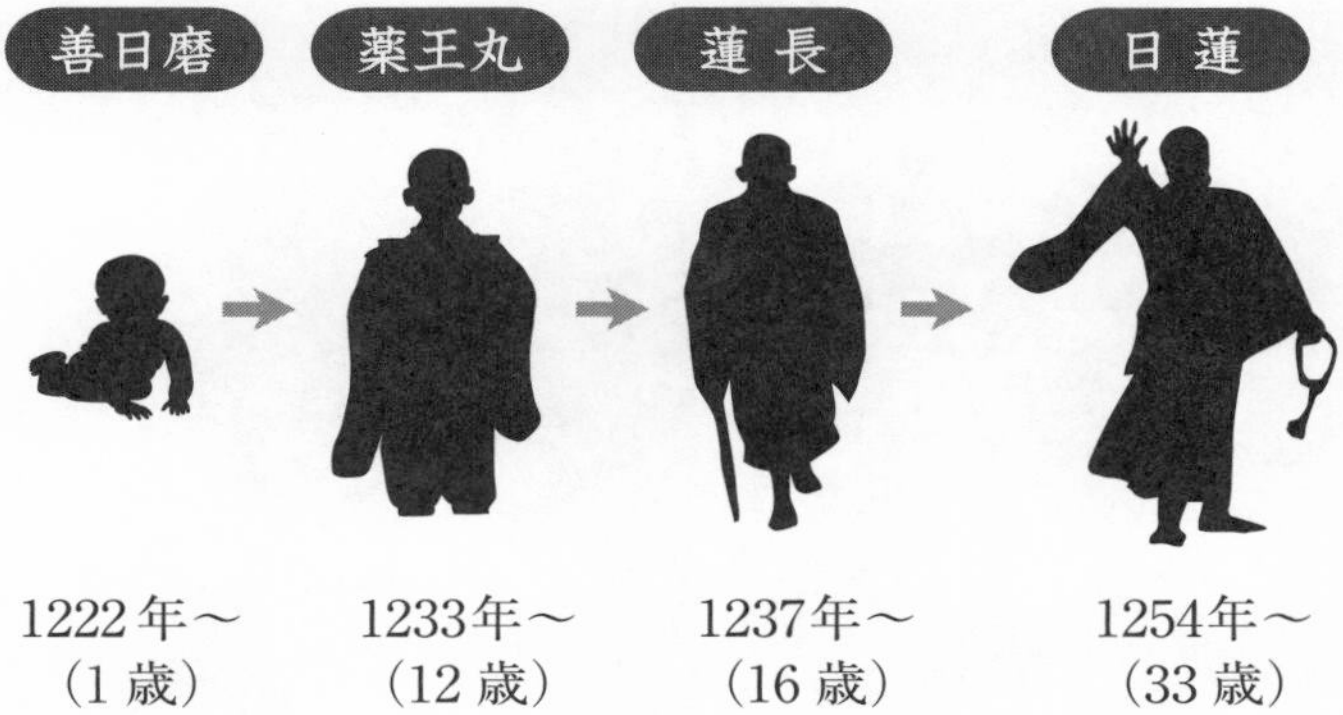

コラム 日蓮の容貌

顔

日蓮の御影像は、どれも美男子風に描かれており、知的にも見える。眉間には法難で受けた刀傷があったと考えられている

体格

日蓮は何度も他宗からの弾圧にさらされながら、その度ごとに死線をくぐり抜けてきた。そうした生き方を可能にしたのは屈強な意志とともに頑丈な体があったからであろう。池上本門寺の坐像などからも、がっしりとした体躯であったことがうかがえる

身長

日蓮が実際に着用していたとされる衣服の寸法を調べると、その身長は1メートル70～80センチくらいだったのではないかといわれる。当時としては高身長だ

第二章

法難の時代

第二章

法難の時代

辻説法

頻発する天変地異に対して日蓮が出した結論

鎌倉ではじめた辻説法

一二五三（建長《けんちょう》五）年、日蓮《にちれん》は安房小湊《あわこみなと》を離れて三浦半島の米ヶ浜《よねがはま》（横須賀）に渡り、三浦街道を通って鎌倉《かまくら》に出た。そして街の東に位置する名越《なごえ》の松葉ヶ谷《まつばがやつ》に草庵《そうあん》を結び、法華経《ほけきょう》の布教を開始する。

鎌倉は開府からすでに半世紀以上経っており、京都や奈良に比肩《ひけん》する宗教都市になっていた。ただし、前述のとおり念仏《ねんぶつ》や禅《ぜん》の信者が多く、日蓮の布教活動は困難が予想された。

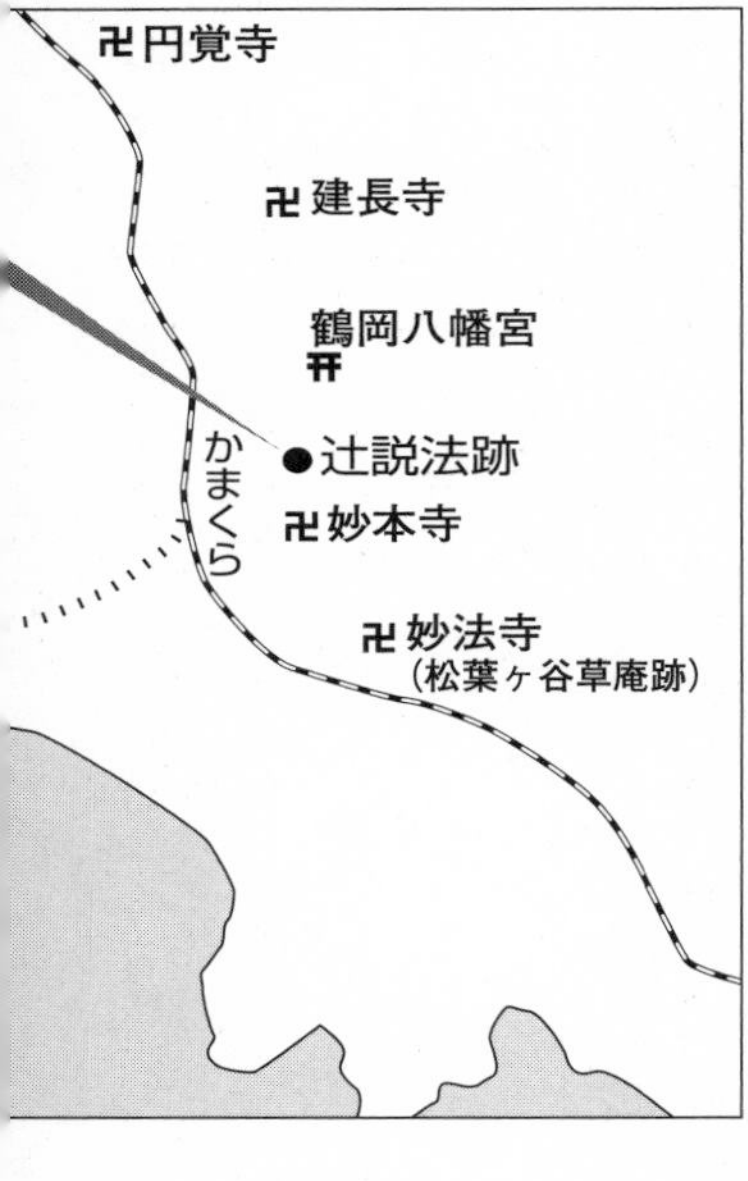

お堂をもたない日蓮は幕府の御所《ごしょ》近く、鶴岡八幡宮《つるがおかはちまんぐう》の参道の辻《つじ》に立った。傍《かたわ》らには「南無妙法蓮華経《なむみょうほうれんげきょう》」と題目《だいもく》を書いた旗を立て、手には経巻《きょうかん》と数珠《じゅず》をたずさえ、道行く人に「衆生《しゅじょう》を救済するには『南無妙法蓮華経』と唱《とな》

布教拠点となった鎌倉の地

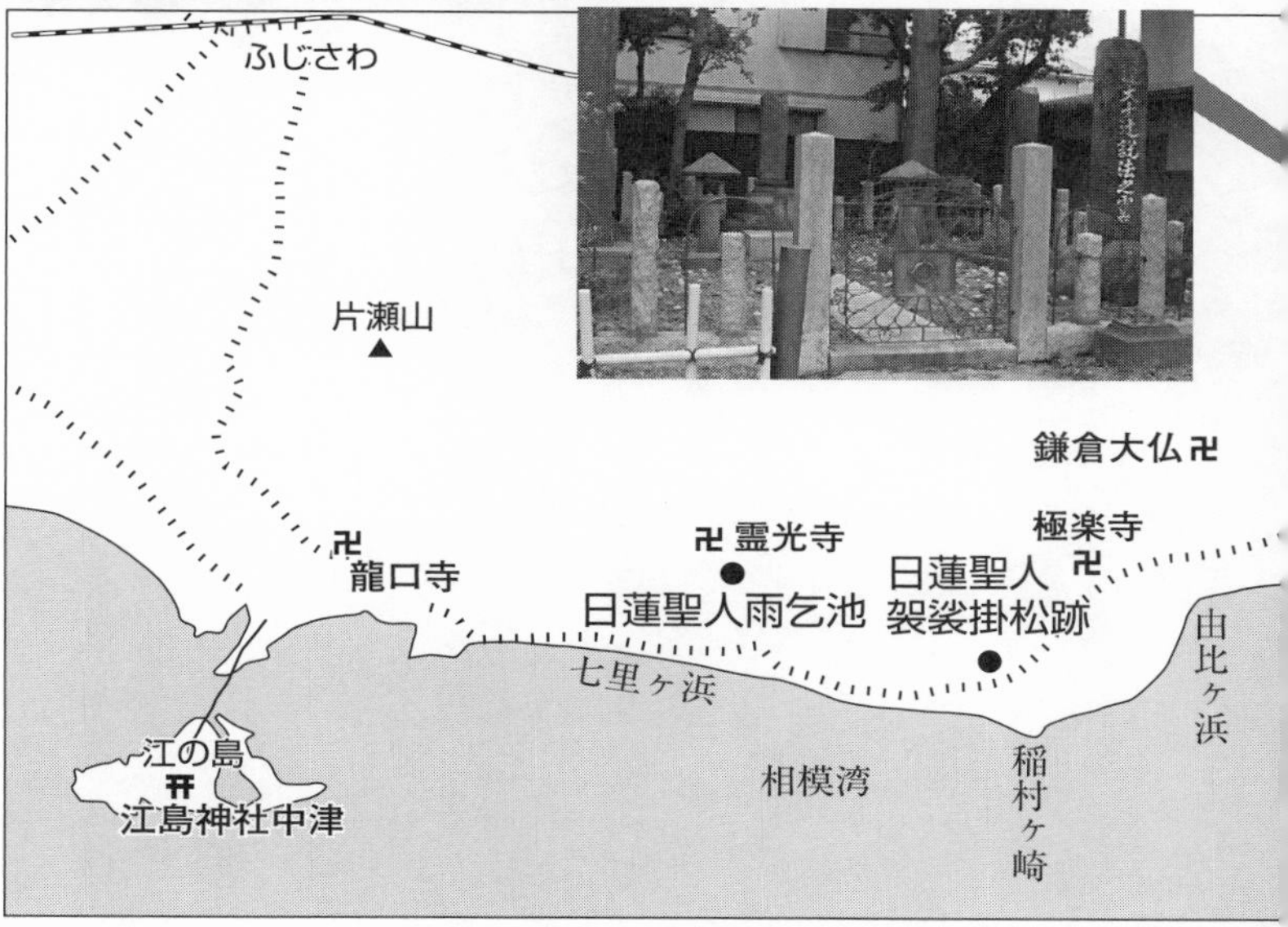

える以外に道はない」とか「念仏や禅の教えは、釈尊《しゃくそん》の教えから逸《そ》れて、世を惑わせる誤った教えである」などと舌鋒《ぜっぽう》鋭く説いた。

この日蓮の布教方法は「辻説法《つじせっぽう》」と呼ばれる。日蓮の遺文《いぶん》に記述がないため詳細は不明だが、鶴岡八幡宮のそばの小町《こまち》通りが辻説法の跡との言い伝えがあり、現在は日蓮が腰をかけたといわれる「腰掛石《こしかけいし》」とともに石碑が建てられている。

日蓮は、この辻説法で法華経の真理を説き続けた。だが、念仏や禅の教えを徹底的に批判したことで、鎌倉の人々からは敵視された。罵声《ばせい》を浴びせられ、ときには石を投げつけられることもあったという。

それでも怯《ひる》まず布教を続けていると、やがて日蓮の豊かな学識と確かな信仰に傾倒する人々があらわれはじめた。

比叡山《ひえいざん》で修行をともにした日昭《にっしょう》や日朗《にちろう》を皮切りに、南条時光《なんじょうときみつ》、四条金吾《しじょうきんご》、波木井実長《はきりさねなが》、池上宗仲《いけがみむねなか》など有力武士たちが弟子や信者となった。日蓮の門徒《もんと》には、禅や念仏に飽き足らなくなっていた中間武士層がとくに多かったとされる。

幕府に黙殺された『立正安国論』

こうして少しずつ信仰団体の基礎ができあがっていくにつれて、日蓮は信仰を国家のあり方と結びつけて考えるようになる。

じつは日蓮が鎌倉に出てからの数年間、関東一帯では洪水、火災、飢饉《ききん》、疫病《えきびょう》などの天変《てんぺん》地異《ちい》が相ついでいた。とりわけ一二五七（正嘉《しょうか》元）年八月二十三日の大地震は、鎌倉のほとんどの建物を崩壊させるほどの大惨事で、数万人もの死者が出た。

日蓮は、災厄が頻発《ひんぱつ》するのは、人々が仏の真の教えである法華経をないがしろにしているせいだと解釈し、一二六〇（文応《ぶんおう》元）年に『立正安国論《りっしょうあんこくろん》』を著《あらわ》す。

『立正安国論』

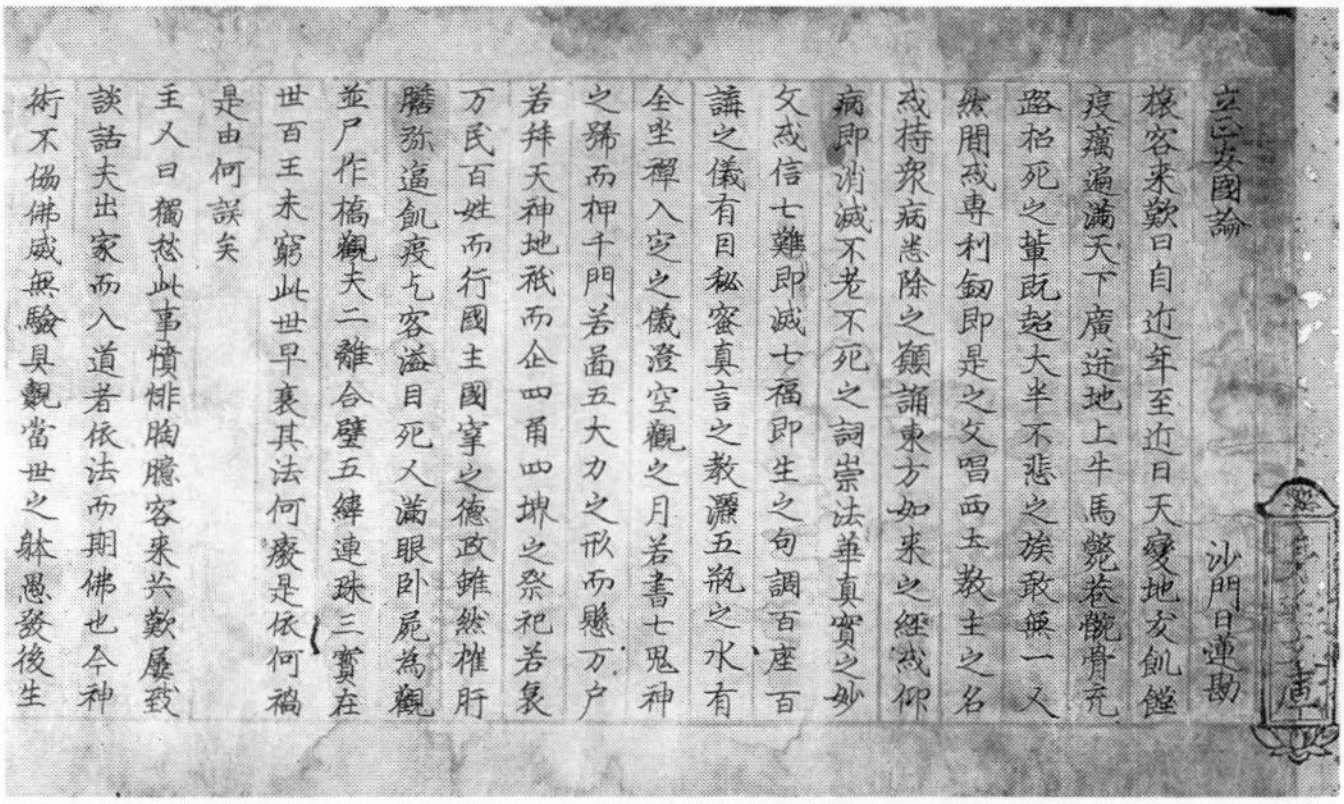

日蓮は本書を幕府に上奏し、「日本国中が念仏の教えを捨てて法華経に帰依すれば、災難から救われ幸せになれる」と訴えた（身延山久遠寺蔵）

これは「来世《らいせ》の浄土《じょうど》のみを願う誤った仏法、つまり念仏信仰を止めなければ、国家は安泰にならない」と法華《ほっけ》信仰にもとづく国家のあり方を進言した警世《けいせい》の書。「日本にいずれ内乱（国内での争い）と外寇《がいこう》（異国からの敵の来襲）が起こる」という予言のような内容も記されており、内容的にも文学的にも日蓮の代表作と見なされている。

同年七月十六日、日蓮は書き上げた『立正安国論』を宿屋光則《やどやみつのり》を取り次ぎとして、幕府の実質的な最高権力者であった前執権《さきのしっけん》・北条時頼《ほうじょうときより》に上奏《じょうそう》する。ところが、日蓮の期待も空しく、時頼からの反応は何もなかった。

この上奏が、日蓮に新たな悲劇を呼ぶことになるのである。

松葉ケ谷法難

日蓮が他宗を激しく批判した理由とは

日蓮宗では他宗からの迫害や弾圧を「法難《ほうなん》」と位置づけているが、日蓮は命に関わるような大きな法難を都合四回も受けている。いわゆる「四大法難」だ。

日蓮に限らず偉大な宗教家は、その積極的な宗教行動により、排撃《はいげき》にさらされるのが常である。しかしながら、日蓮ほどひどい排撃を受けた者はほとんど見当たらない。

②「四箇格言」で他宗を徹底批判

日蓮が激しく敵視された理由は、その布教の仕方にあったと考えられている。他宗が「摂受《しょうじゅ》（摂引容受《しょういんようじゅ》）」と呼ばれる寛容な布教方法をとっていたのに対し、日蓮は「折伏《しゃくぶく》（破折調伏《はしゃくちょうぶく》）」と呼ばれる、他宗の欠点を徹底的に追及・排斥《はいせき》する布教方法をとっていた。そのため他宗を敵に回し、かえって痛烈な反撃を受ける羽目となったのである。

日蓮の他宗に対する見解は、「念仏無間《ねんぶつむげん》、禅天魔《ぜんてんま》、真言亡国《しんごんぼうこく》、律国賊《りっこくぞく》」という有名な「四箇格言《しかかくげん》」からも見てとれる。

これは、日蓮が法華経を仏の真の教えだと主張し、他宗について「念仏は無間地獄に堕《お》ちる

日蓮が唱えた四箇格言

念仏無間《ねんぶつむげん》

「南無阿弥陀仏」で救われると説く念仏の教えは、無間地獄に堕ちる業因である

禅天魔《ぜんてんま》

経典によらず「教外別伝」を指向する禅宗は、権力者に取り入ろうとする天魔である

真言亡国《しんごんぼうこく》

密教の教えにもとづく真言宗の祈祷は、天変地異の災害に無力な亡国の祈祷である

律国賊《りっこくぞく》

「貧民を救済するため」といい、庶民から血税を強いる律宗は、国賊以外の何者でもない

日蓮
末法の世を救えるのは法華経の教えのみ。法華経を放棄した他の教えは敵である！

業因《ごういん》、禅は権力者に取り入る天魔、真言の祈祷《きとう》は無力な亡国《ぼうこく》の祈祷、慈善事業資金を集める律宗は貧者に犠牲を強《し》いる国賊」と容赦なく批判した言葉だ。

つまり、日蓮を襲った法難は「身から出たさび」といえなくもない。

とはいえ、日蓮は「法華経には法難が予言されている」との確信から、排撃される覚悟はできていた。そのため、幾多の法難に遭遇しようとも、当初の信念が揺らぐことはなかったのである。

❷念仏信者による草庵焼き討ち事件

第一の法難である「松葉ヶ谷《まつばがやつ》の法難」は、一二六〇（文応元）年八月二十七日に起こった。

すでに述べたとおり、日蓮は念仏を口撃するだけでなく、北条時頼に『立正安国論』を上奏し、法華経への帰依《きえ》を迫った。その事実を知った鎌倉の念仏信者たちは、当然のように激怒。実力行使に立ち上がり、幕府の有力者であり熱烈な念仏信者でもある北条重時《しげとき》を動かして、日蓮の襲撃を計画したのだ。

八月二十七日の深夜、念仏信者たちは日蓮の暮らす松葉ヶ谷の草庵《そうあん》を取り囲む。そして機を見計らって松明《たいまつ》を投げ込み、室内に乱入、日蓮に襲いかかった。

松葉ヶ谷法難の図（『日蓮聖人絵伝』）

念仏信徒に襲撃された日蓮を救ったのは白猿だったという伝説も残されている（植中直齋筆、身延山久遠寺蔵）

このとき室内には日蓮を信奉する武士が居合わせ、その武士が抜刀《ばっとう》して応戦した。だが、多勢に無勢で敵《かな》うはずもなく、すぐに退《ひ》かされてしまった。

それでも日蓮は間隙《かんげき》を縫《ぬ》って庵を脱出し、裏山から下総《しもうさ》（千葉県）に落ち延びて、九死に一生を得た。これが松葉ヶ谷の法難である。

下総での日蓮は、豪族の富木常忍《ときじょうにん》のもとに身を寄せながら布教活動につとめた。そのときの布教により、後世に名を残す多くの信者を得ている。

しかし、やはり国家を救うには鎌倉幕府の宗教政策を改めさせることが必要だと痛感したのだろう。日蓮は危険を顧《かえり》みず、三たび鎌倉の地を踏むことになる。

第二章

法難の時代

伊豆法難

小さな岩場に置き去りにされた第二の大難

伊豆に残る俎岩の伝説

松葉ヶ谷の法難から九ヶ月後の一二六一（弘長元《こうちょう》）年五月、日蓮は早くも鎌倉に舞い戻り、辻に立っていた。そして以前にも増して、激しく説法を行なった。

これには当時の幕府の有力者や、他宗の僧侶たちがみな目を丸くして驚いた。なぜなら彼らは、日蓮は松葉ヶ谷法難のさいに焼け死んだものと思い込んでいたからである。

時の執権・北条長時《ながとき》やその父の重時も、日蓮の言動を快《こころよ》く思わなかった。そこで同年五月十二日、彼らが中心となって日蓮を逮捕し、罪状認否も許さずに伊豆《いず》への流罪《るざい》を申し渡した。『御成敗式目《ごせいばいしきもく》』にある「悪口《あっく》の咎《とが》」に触れたことが罪状とされているが、詳細はわからない。幕府としては、とにかく危険で目ざわりな人物を一刻も早く処断したかったと考えられている。

松葉ヶ谷法難に続くこの「伊豆法難」は、日蓮自身はもちろん、彼を信じる人々にも大きな衝撃を与えた。伊豆には、その衝撃ゆえの伝説が数多く残されている。

もっとも有名なのは「俎岩《まないたいわ》」の伝説である。日蓮は護送される途中、俎岩と呼ばれる岩の

伊豆法難の舞台

流罪に処された日蓮は俎岩に置き去りにされてしまう
（植中直齋筆、身延山久遠寺蔵）

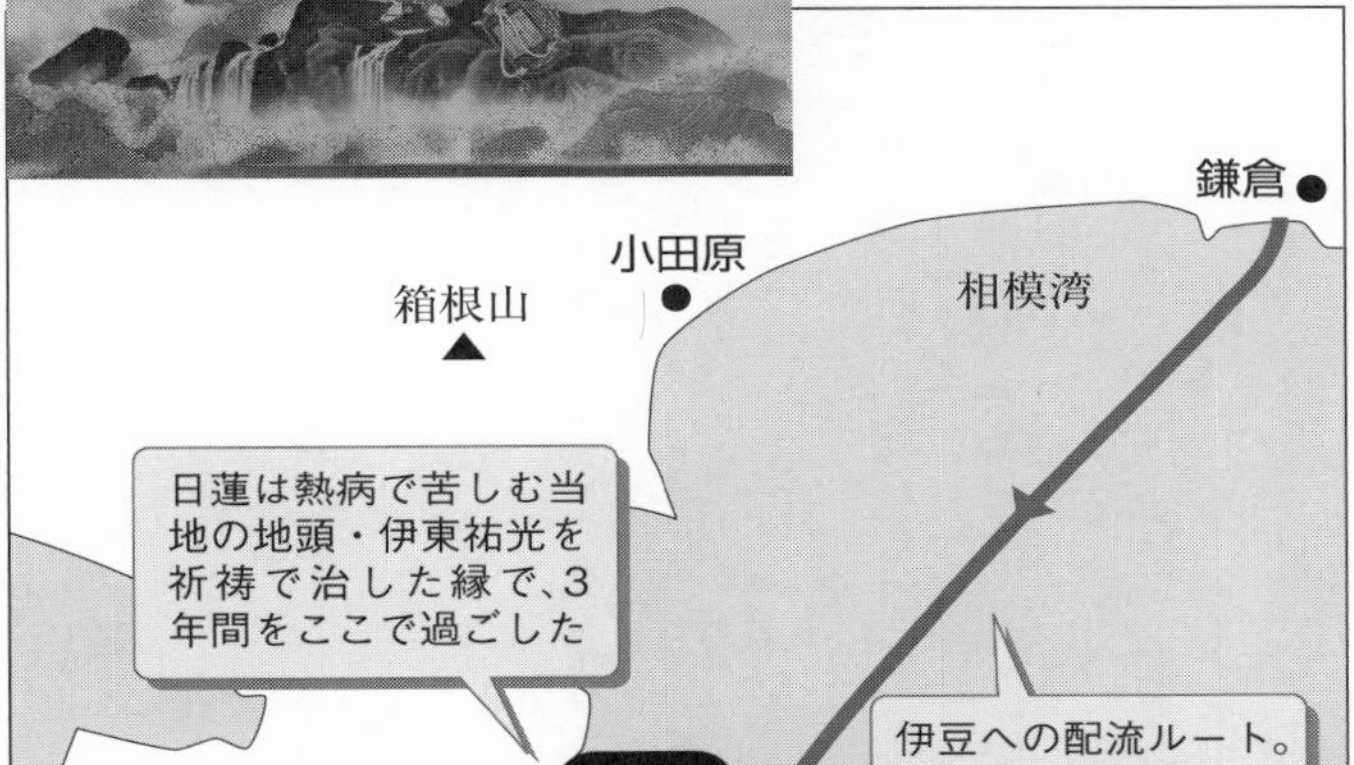
日蓮は熱病で苦しむ当地の地頭・伊東祐光を祈祷で治した縁で、3年間をここで過ごした
伊豆への配流ルート。高弟がお供を申し出たものの、許しを得ることができず、日蓮ひとりが流された
蓮慶寺
伊豆半島
伊東
蓮着寺
俎岩近くの断崖の上に建つ。日蓮ゆかりの「袈裟かけの松」や「石食いのモチの木」などが残されている
相模灘
大島
三原山
石廊崎

俎岩の場所については、蓮慶寺の近くとする川奈説と、蓮着寺の近くとする富戸説のふたつがいわれている

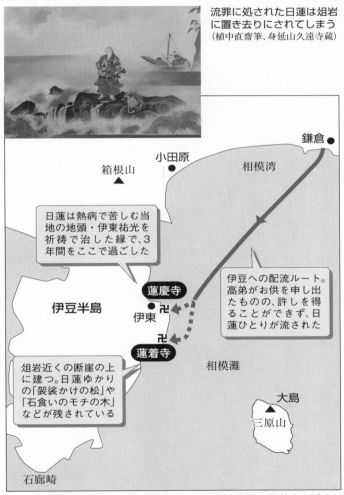

上に置き去りにされてしまった。

俎岩は干潮時には水上に顔をのぞかせるが、満潮になると水没する。つまり、護送役人は日蓮を水死させようともくろんでいたことになる。

俎岩にただひとり取り残された日蓮は、あわや水没という危機に見舞われた。しかし、伊東《いとう》川奈《かわな》の漁師・船守弥三郎《ふなもりやさぶろう》に助けられ命拾いをした。その後、弥三郎は夫婦で日蓮に帰依し、よく日蓮の世話をしたと伝えられる。

この伝説については後世の創作と見る向きもあるが、日蓮の遺文には弥三郎夫婦に対する感謝の念や当時の救いのありさまが生き生きとつづられているため、夫婦に養われたことは事実であろう。夫婦の墓は川奈の蓮慶寺《れんけいじ》の境内《けいだい》に残されており、いまも多くの参拝客から尊敬を集めている。

② 地頭の病を癒し、立像仏を献じられる

「病気治癒」の伝説もよく知られている。それによると、日蓮は重病に陥った地頭《じとう》・伊東祐光《いとうすけみつ》から祈祷を頼まれた。

日蓮が法華経に帰依することを条件に祈祷を行なったところ、幸いにも祐光は平癒《へいゆ》する。

鎌倉幕府の政治体制

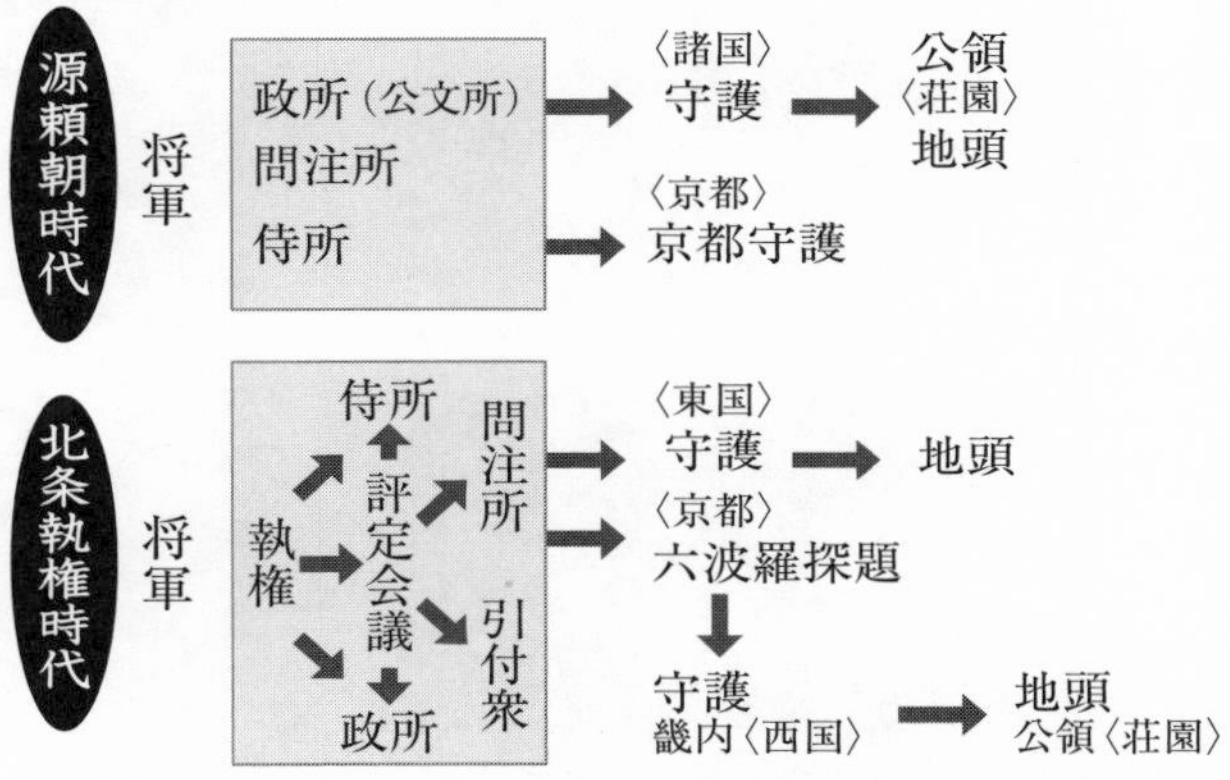

当初は源氏が征夷大将軍として政治をつかさどっていたが、源氏の正統将軍は三代で断絶したため、執権・北条氏による専制政治へと変わった

感謝した祐光は法華経に帰依すると同時に、伊東の海中で網にかかった釈尊立像を謝礼として献じた。すると日蓮は、その立像仏を生涯の随身仏《ずいしんぶつ》にしたというのである。

日蓮はこうして伊豆の地に数々の伝説を残しながら、法華経の布教活動をしたり、法華経が唯一の真理と説いた『教機時国鈔《きょうきじこくしょう》』を著したりして、配流《はいる》生活を過ごした。

伊豆における日蓮の活動拠点となったのは祐光から与えられた毘沙門堂《びしゃもんどう》の草庵で、当地には後に佛現寺《ぶつげんじ》が建立された。

そして一二六三（弘長三）年、日蓮の迫害に加担した幕府の重鎮《じゅうちん》が死去したのを機に流罪を赦免《しゃめん》され、鎌倉へ戻ることになる。日蓮四十二歳のときのことだった。

第二章

法難の時代

小松原法難

殉教者を生み自らも負傷した第二の大難

十二年ぶりに踏んだ郷里の土

伊豆流罪を赦《ゆる》され、鎌倉に戻った日蓮は翌一二六四（文永《ぶんえい》元）年九月頃、父の墓参りと母の病気見舞いのため安房小湊に帰国した。故郷を訪れるのは約十二年ぶりのことだった。

しかし、小湊周辺はかつて日蓮の命を狙った熱心な念仏信者、東条景信《とうじょうかげのぶ》の統治下にある。長狭《ながさ》街道をたどった日蓮は景信の動向を警戒し、景信の支配する清澄寺《せいちょうじ》を避けていったん蓮《れん》華《げ》寺《じ》に身を寄せた。そして機を見計らって景信の本拠地を抜け、ついに故郷の土を踏んだ。日蓮の病気平癒の祈りにより、母はほどなく快復したといわれている。

その後、日蓮は清澄寺周辺で布教活動を開始した。かつてはこの地で迫害を受けた日蓮だったが、十年余りの歳月を経て、彼は自らの教えにより確信を深めていた。そのため、多くの人々が日蓮に心酔し、法華信者になっていった。

ところが、こうした日蓮の動きが念仏信者たちの神経を逆なでする。とくに景信の怒りは尋常ではなかった。篤《あつ》く信奉する念仏の教えを否定されたことに加え、所領をめぐる景信と領《りょう》

小松原法難の舞台

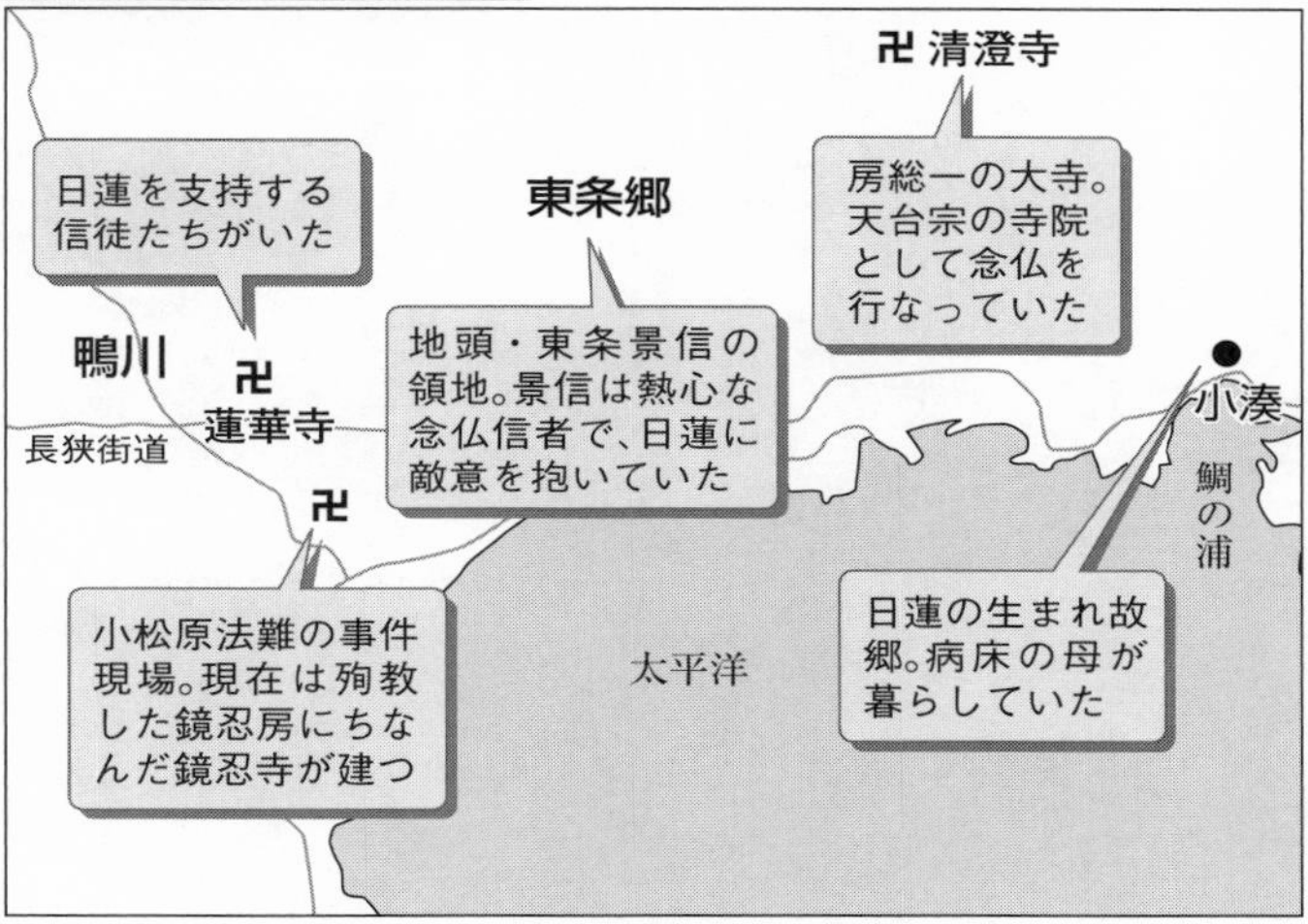

卍 清澄寺
房総一の大寺。天台宗の寺院として念仏を行なっていた
日蓮を支持する信徒たちがいた
東条郷
地頭・東条景信の領地。景信は熱心な念仏信者で、日蓮に敵意を抱いていた
鴨川
卍 蓮華寺
長狭街道
小湊
鯛の浦
卍
小松原法難の事件現場。現在は殉教した鏡忍房にちなんだ鏡忍寺が建つ
太平洋
日蓮の生まれ故郷。病床の母が暮らしていた

家《け》の尼《あま》との裁判沙汰でも、日蓮が尼に味方したせいで敗訴に追い込まれたからだ。景信にとっての日蓮は、まさに許されざる存在だったのである。

景信の日蓮襲撃計画

日蓮の活躍に憎しみを増幅させた景信は、ひそかに日蓮襲撃を計画し、その機会をうかがう。そしてついに、その日が訪れた。

十一月十一日、日蓮と弟子たちは小湊の武士・工藤吉隆《くどうよしたか》邸に招かれることになったのだが、一行が蓮華寺を出て、午後五時頃に東条松原大《とうじょうまつばらのおお》路《じ》へ差しかかると、いきなり物陰から多勢の武士や暴徒が飛び出してきた。日蓮の回想によれば、数百人の相手方に対し、日蓮側はわずか十人ほどで、そのうち武力で抵抗できる者は数名しかいなかった。

結果ははじめから見えていた。まず弟子の鏡忍房日暁《きょうにんぼうにちぎょう》が討ち取られ、乗観房《じょうかんぼう》と長英房《ちょうえいぼう》が重傷を負い、急を聞いて駆けつけてきた工藤吉隆も返り討ちにあった。日蓮は左手を打ち折られ、眉間《みけん》に深手《ふかで》を負った。それでも、夕闇が忍び寄る時間帯だったことが幸いしたのか、日蓮はどうにか逃げ延びて蓮華寺まで戻った。これが、三つ目の法難に数えられる「小松原法難《こまつばらほうなん》」である。

その三日後、日蓮のもとに清澄寺から師の道善房《どうぜんぼう》が駆けつけてきて、ふたりのあいだで信仰についての議論が繰り広げられた。

念仏信者である道善房が「自分は阿弥陀仏《あみだぶつ》を五体まで造ってしまったが、この罪によって地獄に堕《お》ちるだろうか」と質問したところ、日蓮は「五回は地獄に堕ちるでしょう」と答え、法華経に帰依することを勧めたという。

わざわざ見舞いにきてくれた恩師に対し、「地獄に堕ちる」とはいえたものではない。だが、日蓮にとっては、それが師への真の報恩《ほうおん》だったのだ。

その場では腑《ふ》に落ちない表情をしていた道善房であったが、やがて回心《えしん》し少しずつ法華経を読むようになったと伝えられている。

襲撃による被害

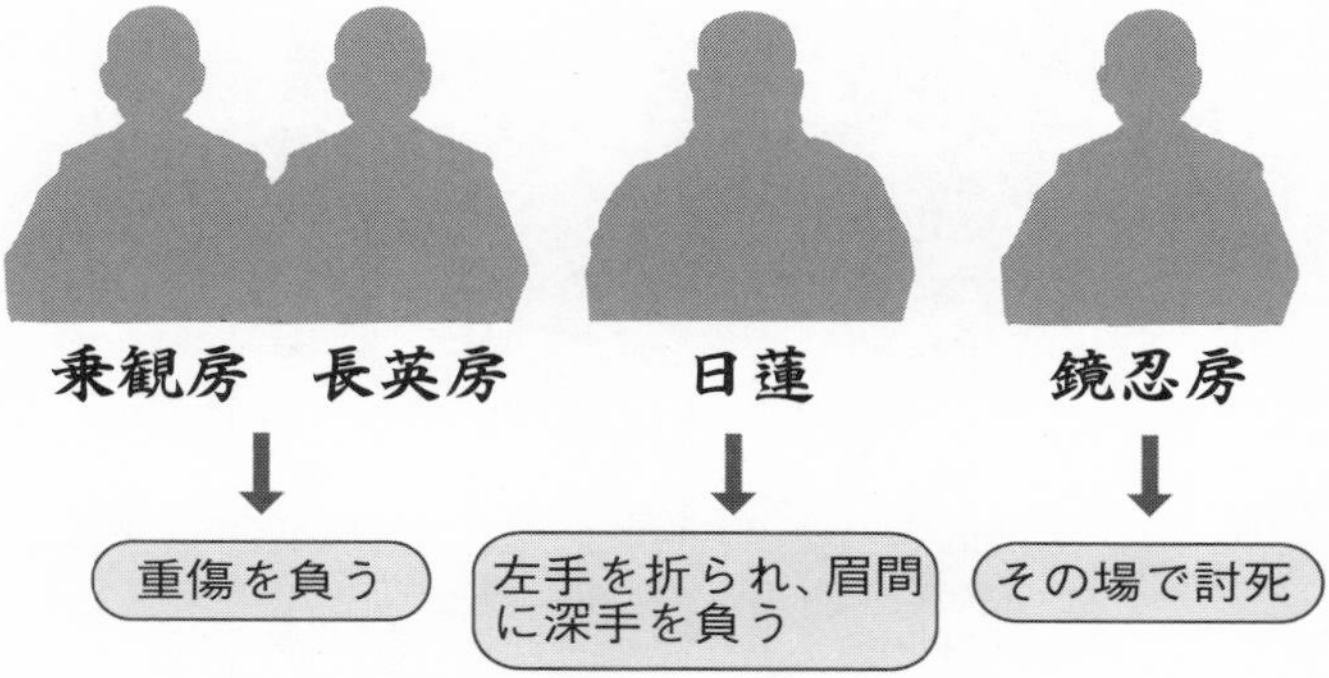

※急を聞いて駆けつけた信者の武士・工藤吉隆も返り討ちにあい、殉死している

降神の槙

事件現場に建てられた鏡忍寺の槙。日蓮らが急襲にあったさい、この樹の上に鬼子母神があらわれ、日蓮は死を逃れたと伝えられる

第二章
法難の時代

龍の口法難

謎の光が日蓮を斬首の危機から救う

② 日本を属国にしようともくろむ蒙古の恐怖

小松原法難から四年後の一二六八（文永五）年、日本国内に衝撃が走る。蒙古《もうこ》の使者が日本に通交関係を求める国書を携《たずさ》えて来日したというのだ。

蒙古とは、チンギス・ハーンがユーラシア大陸中央部に打ち立てた大帝国である。蒙古はチンギスの死後も版図《はんと》を広げ、孫のフビライの代には大陸のほとんどを掌中《しょうちゅう》におさめていた。日本に使者を送ってきたのは、日本を実質的な従属国とし、東方で抵抗を続ける南宋《なんそう》や高麗《こうらい》の残党を孤立化させる目的があったからとされている。

国書を受け取った幕府は黙殺を決め込むが、人々は蒙古来襲の恐怖に怯《おび》えた。そうしたなか、『立正安国論』で外寇を予言していた日蓮は、いまこそ無益な祈祷をやめて法華経に帰依すべきだと力説する。さらに一二七一（文永八）年夏には、幕府立ち会いのもとで律宗《りっしゅう》の僧・忍《にん》性《しょう》との雨乞《あまご》い祈祷合戦を行ない、見事に勝利した。

予言的中と祈祷による雨乞いの実現。こうした日蓮の活躍ぶりが知られるにつれ、その教え

蒙古の大帝国(13世紀後半)

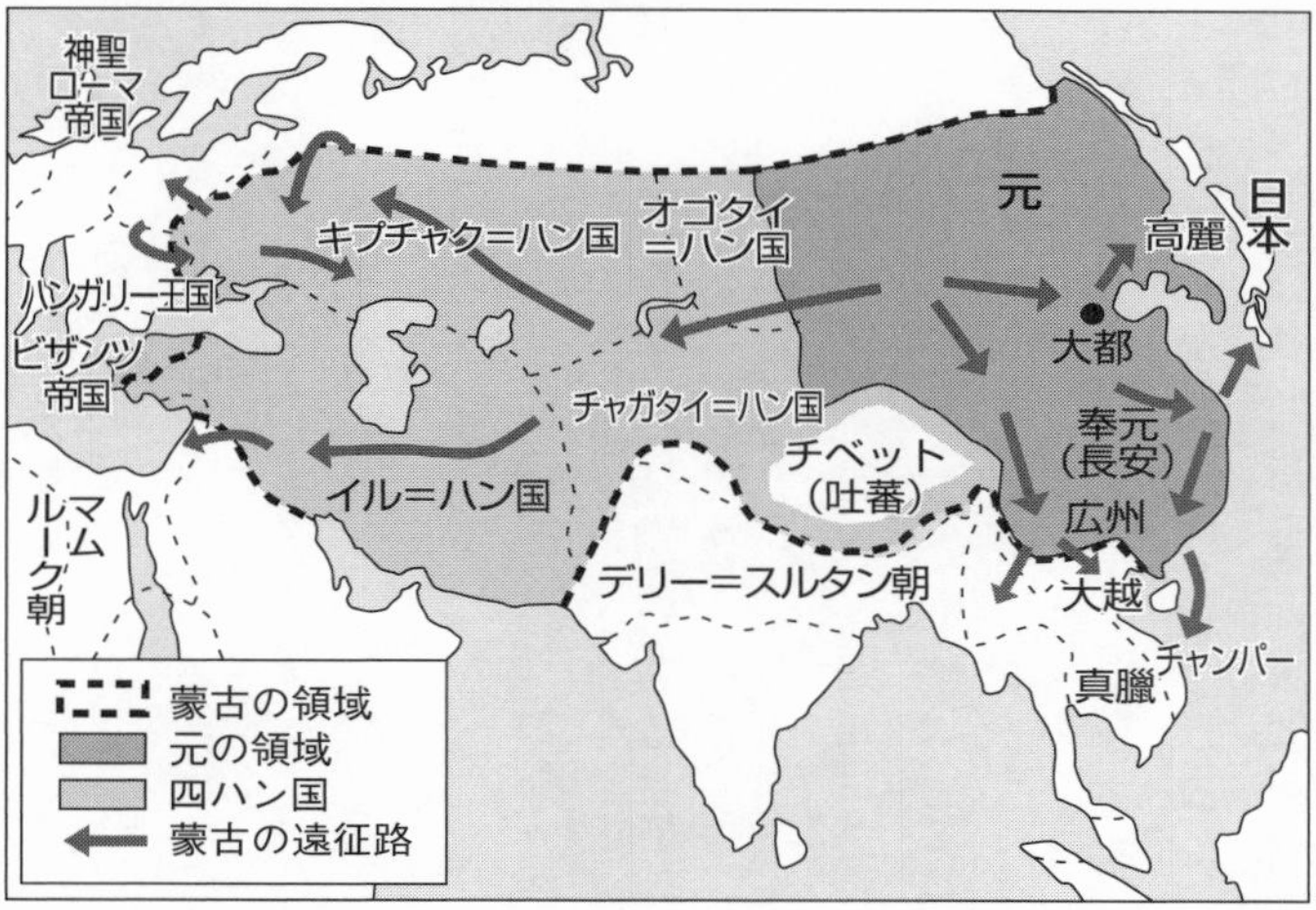

蒙古の系図

①チンギス=ハン
- ジュチ ―― バトゥ(キプチャク=ハン国)
- チャガタイ(チャガタイ=ハン国)
- ②オゴタイ(オゴタイ=ハン国) ―― ③グユク
- トゥルイ
  - ④モンケ
  - ⑤フビライ(元)
  - フラグ(イル=ハン国)

(数字はハン位即位の順)

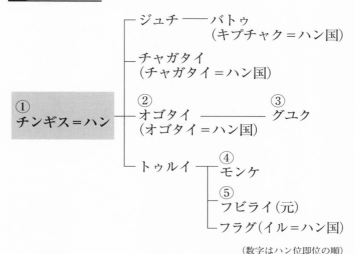

に帰依する人も増えていった。

しかし、念仏信者たちは日蓮に対して危機感を募《つの》らせ、雨乞いの一件を理由に、政治を乱す不穏《ふおん》人物だとして幕府に訴えた。そしてこの訴えに乗じて侍所《さむらいどころ》の実力者であり、以前から日蓮を警戒していた平頼綱《たいらのよりつな》も動き出した。

龍の口で起こった奇跡

四度目の法難は一二七一（文永八）年九月、日蓮五十歳のときに起こった。九月十二日、松葉ヶ谷にいた日蓮は幕府の役人たちの来襲を受け、あっさり逮捕された。そしてその日のうちに佐渡《さど》への流罪を言い渡され、真夜中に出立したのである。

じつは佐渡流罪は表向きのものであり、実際は途中で斬首《ざんしゅ》する計画だったといわれる。日蓮はそれを見抜いて覚悟を決めていたようだが、鶴岡八幡宮の前を通ったときには「八幡菩薩《ぼさつ》はなぜ法華経の行者《ぎょうじゃ》を守護しないのか」と八幡神を叱責《しっせき》したという。

日蓮が連れてこられたのは、幕府の刑場がある片瀬《かたせ》龍の口《たつのくち》（龍口《りゅうこう》ともいう）だった。急を聞いて多くの信者が駆けつけ、四条金吾《しじょうきんご》などは「聖人《しょうにん》が首をはねられるなら、自分も死ぬ」といって涙を流したと伝わる。日蓮はかねてより「法華経のために命を捨てるのは本望《ほんもう》」と述

龍の口法難の図（『日蓮聖人絵図』）

龍の口刑場で平頼綱の部下が日蓮の首を切ろうとすると、突然不思議な天変が起こり、日蓮は斬首を免れた（植中直齋筆、身延山久遠寺蔵）

べていたが、この金吾の言葉にはたいそう感激したらしく、「金吾の真情は心に深く染《し》みた」とのちに遺文に記している。

午前二時、首の座に座らされた日蓮に向けて、処刑の役人が刀を振り上げた。

誰しもこれまでかと思ったが、まさにそのとき奇跡が起こる。江《え》の島《しま》の上空に光が走り、あたりが不思議な光に覆《おお》われたのだ。刑場は混乱のるつぼと化し、もはや処刑どころではなくなってしまった。

この「龍の口法難」は日蓮にとって大きな転機となった。「法華経を正しく実践する者は法難から救われる」という法華経の予言が実証されたからだ。結局、処刑は沙汰《さた》やみとなり、日蓮は佐渡への流罪ですまされた。

コラム

日蓮の人間性

日蓮の性格について、多くの人は屈強で頑固、あるいは排他的、攻撃的な人物というイメージをもっているようだ。

たしかに日蓮は戦う男だった。権力による弾圧にさらされようとも、仏教界から激しい反発を受けようとも、決して妥協せずに法華経の布教を続けた。逆に、こうした試練をバネに布教に励んでいたと思われる。

しかし、日蓮はそうした火の玉のような性格とは別に、優しい一面も持ち合わせていた。

たとえば、信者から諸般の悩みについて相談されると、たびたび手紙を送り、懇切丁寧《こんせつていねい》な言葉でアドバイスを与えている。女性に対しても温かい眼差しを注いでいたため、日蓮の信者のなかには女性が多かったといわれる。

また、命の危険を顧みず病床の母のもとに駆けつけたり、師・道善房が亡くなったときに『報恩抄《ほうおんしょう》』を記して生前の恩に報いたりと、日蓮の心の温かさを想起させる逸話《いつわ》はいくつも残されている。

さらに、意外にも囲碁や酒が好きという親しみやすい一面をもっていたとも伝わる。

宗教家として真摯《しんし》なまでにまっすぐな強さと、人間味に溢《あふ》れた温かい人柄。この厳しさと優しさが、日蓮を類稀《たぐいまれ》なるカリスマ宗教家へと押し上げたといえるだろう。

第三章 闘争の終焉

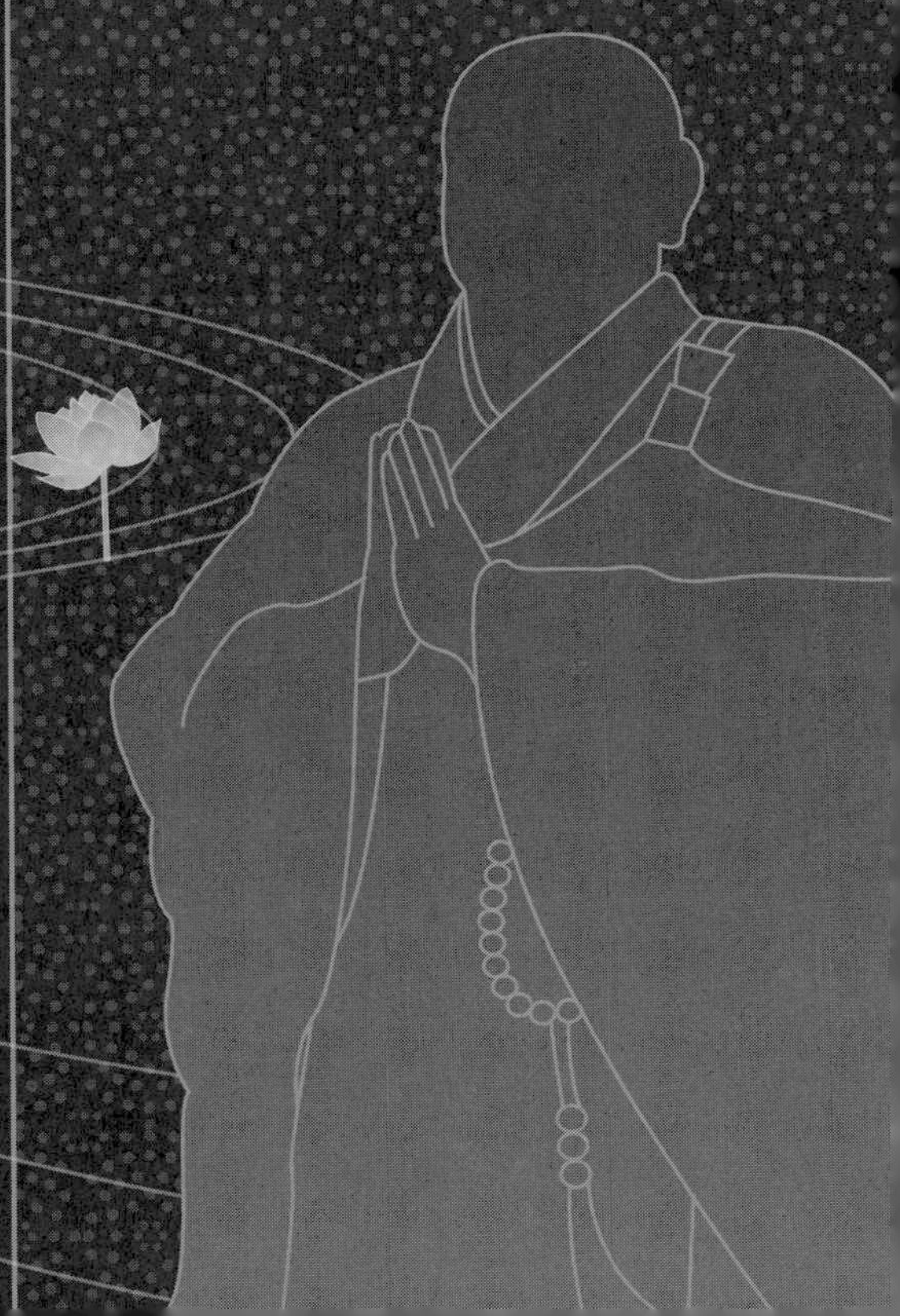

佐渡流罪

法華経への信心を深めた第二の流刑地での日々

死と隣り合わせの悪環境

日蓮《にちれん》はすでに伊豆《いず》での流罪《るざい》生活を経験していた。そのときは当地の地頭《じとう》・伊東祐光《いとうすけみつ》の厚意もあって待遇はさほど悪くはなかったが、二度目の流刑地《るけいち》、佐渡《さど》での生活は困難を極めた。日蓮が佐渡へ到着したのは一二七一（文永《ぶんえい》八）年十月二十八日のこと。住まいとしてあてがわれた塚原《つかはら》の三昧堂《さんまいどう》は、荒れ果てた墓地にポツンと建つ一間四面の小さなあばら屋で、天井も壁も隙間だらけだった。日蓮は、このみすぼらしい建物のなかで凍死《とうし》や飢餓《きが》の危機にさらされながら生活することになったのだ。

法然《ほうねん》、親鸞《しんらん》など他宗派の高僧が配流先《はいるさき》で布教活動に邁進《まいしん》したように、佐渡での日蓮も当地で熱心に教えを広めようとした。明日をも知れぬ悪環境にあっても、法華経《ほけきょう》への信仰心を支えに、不屈の精神で布教活動を行なったのである。

その結果、日蓮に帰依《きえ》する人々が少しずつあらわれはじめる。まず一二七二（文永九）年四月頃までに、日蓮の監視役をつとめていた念仏《ねんぶつ》信者の阿仏房《あぶつぼう》と千日尼《せんにちあま》夫妻が日蓮の人柄や教えに感銘を受けて信者となった。さらに夫妻の勧《すす》めで、国府入道《こうにゅうどう》夫妻も入信した。

日蓮はこうして新たな信者を獲得していったが、迫害の危険にもさらされた。一二七二年一月、念仏信者たちが反日蓮を掲げて立ち上がり、日蓮に法論《ほうろん》を挑んだのだ（塚原問答《つかはらもんどう》）。しかし、日蓮はこれをことごとく論破《ろんぱ》し、圧倒的な勝利を得た。

そして法論の警護にあたっていた守護代《しゅごだい》の本間重連《ほんましげつら》に対して、「近々鎌倉《かまくら》で騒動が起こる」と予言した。

重連は真に受けなかったが、その一ヶ月後の二月十一日、鎌倉で北条時宗《ほうじょうときむね》の異母兄、時輔《ときすけ》が謀反《むほん》を計画し、討ち取られる内乱（二月騒動《にがつそうどう》）が勃発《ぼっぱつ》する。日蓮が『立正安国論《りっしょうあんこくろん》』に記した予言が現実のものとなったのだ。

数日後、二月騒動の報《しら》せが佐渡に伝わると、重連はすぐに念仏を捨てて、日蓮の信者になったといわれている。

流罪となった同時代の高僧たち

僧名	宗派	配流先
法然	浄土宗	四国
親鸞	浄土真宗	越後
蘭渓道隆	臨済宗	甲斐・奥州
日蓮	日蓮宗	伊豆・佐渡

鎌倉時代に流罪に処せられた高僧は数多いが、彼らはみな配流先でも布教を行ない、地方における教えの普及に大きく貢献した

②『開目抄』と『観心本尊抄』を執筆

佐渡での日蓮は布教に加えて著作にも励み、その教義をさらに深化させていく。

佐渡に着いたばかりの頃、日蓮は信者たちの疑問に対する回答に腐心《ふしん》していた。疑問とは、「正法《しょうぼう》である法華経を信仰しているのに、法難《ほうなん》にあうのはなぜなのか」というものだった。

日蓮はその疑問を解決するため、一二七二（文永九）年二月に『開目抄《かいもくしょう》』を執筆。そのなかで「法華経こそが人々を救済する道だ」と改めて主張した。

さらに翌年四月には『観心本尊抄《かんじんほんぞんしょう》』を完成させ、「法華経の題目《だいもく》に釈尊《しゃくそん》の修行と功徳《くどく》のすべてが集約されており、それを受け取ることで仏の世界が実現される」と信者たちに説いたのである。

『観心本尊抄』が完成する頃になると、日蓮は三昧堂から豪農・一谷入道《いちのさわにゅうどう》の邸に移されて一息ついた。そして一二七四（文永十一）年二月、突然流罪を赦免《しゃめん》され、三月に鎌倉に向けて出立《しゅったつ》した。

赦免の理由は、日朗《にちろう》ら鎌倉の弟子たちが運動を展開したためとも、予言を的中させた日蓮の教えが見直されたためともいわれるが、事の経緯はよくわかっていない。龍《たつ》の口《くち》法難から二年半、このとき日蓮は五十三歳になっていた。

佐渡に残る日蓮の足跡

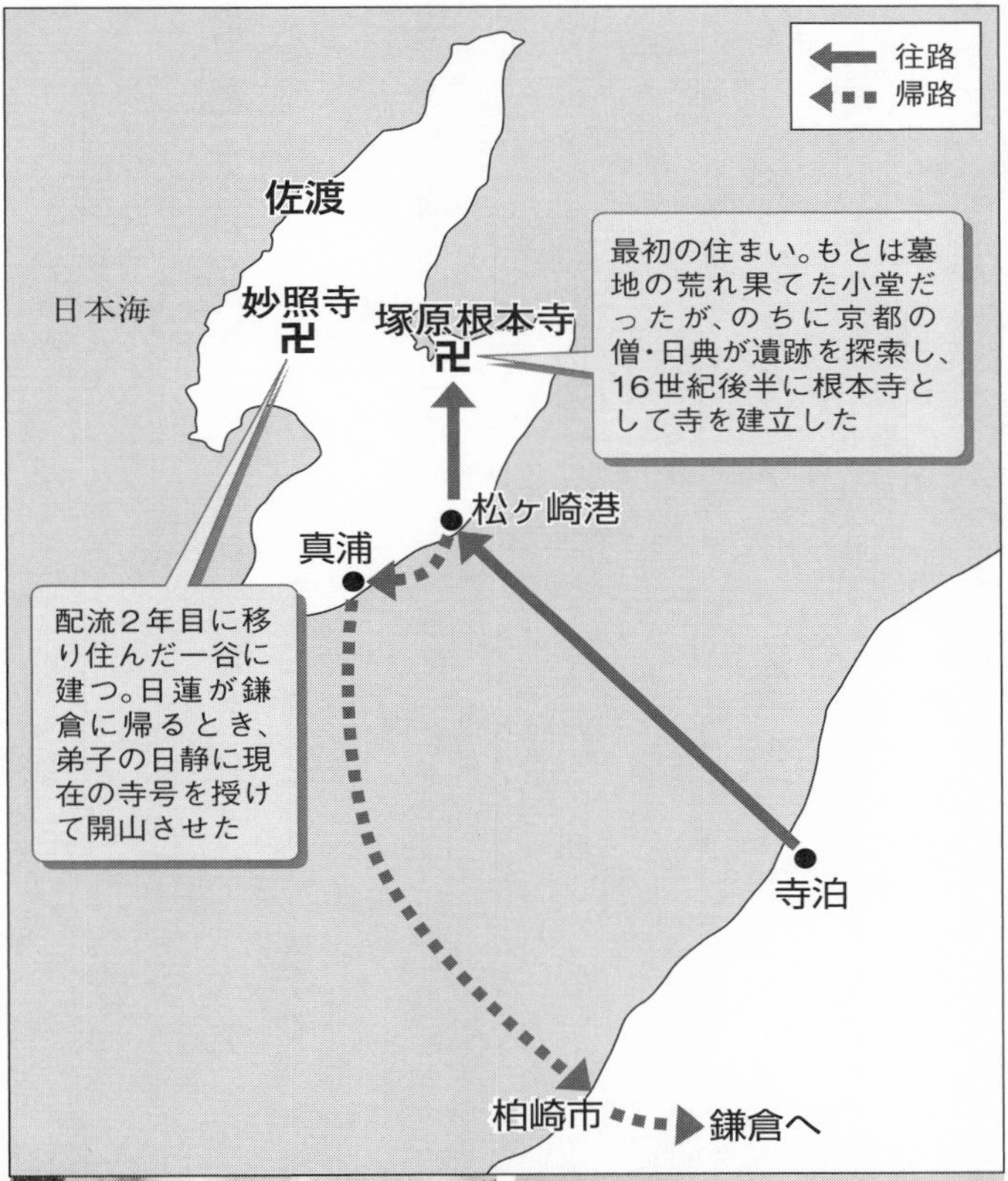
往路
帰路
佐渡
日本海
妙照寺
塚原根本寺
最初の住まい。もとは墓地の荒れ果てた小堂だったが、のちに京都の僧・日典が遺跡を探索し、16世紀後半に根本寺として寺を建立した
松ヶ崎港
真浦
配流2年目に移り住んだ一谷に建つ。日蓮が鎌倉に帰るとき、弟子の日静に現在の寺号を授けて開山させた
寺泊
柏崎市
鎌倉へ

妙照寺

塚原根本寺

身延隠棲

予言をしりぞけられ、失意のうちに山林へ

幕府への三度目の諫暁

一二七四（文永十一）年三月二十六日、日蓮が鎌倉の地に戻ると、多くの弟子や信者たちが集まって日蓮を出迎えた。

日蓮が流罪生活を送っているあいだ、鎌倉の日蓮門徒《もんと》は迫害にあっていた。弟子や信者たちは罪人に等しい扱いを受け、圧力に屈して転向《てんこう》を装う者も少なくなかった。そうした厳しい状況に置かれていたため、門徒は日蓮との久々の再会に胸を熱くした。日蓮も感慨深い思いを抱いたにちがいない。

ただし鎌倉に戻ってからも、日蓮に穏やかな日々が訪れたわけではなかった。同年四月、日蓮は幕府の侍所《さむらいどころ》・平頼綱《たいらのよりつな》から呼び出しを受ける。

頼綱はかつて日蓮に罪を着せた人物だったが、日蓮はこれを幕府に諫暁《かんぎょう》する最後の機会ととらえ、面会に出向くことにした。

当日、頼綱は過日とは打って変わって丁重《ていちょう》に接した。なぜなら頼綱は、数々の予言を的中

流罪放免後の日蓮の足跡（1274年）

3月8日	幕府からの赦免状が佐渡に届く
3月26日	佐渡から鎌倉へ帰還をはたす
4月8日	幕府の要請を受けて出頭し、平頼綱と面会。蒙古襲来の日が近いことを予言する
5月12日	鎌倉を離れる決意を固め、甲斐の身延山へ向かう
5月17日	隠棲の地・身延の波木井郷に到着する

させた日蓮から蒙古《もうこ》襲来《しゅうらい》の時期を聞きだそうという思惑をもっていたからだ。

会談は、参加者が日蓮に対して質問を行ない、それに日蓮が答えるという形式ではじまった。「日本仏教の諸宗をどのように見ているか」といった質問に、日蓮は懇切丁寧《こんせつていねい》に回答していった。そして何度か問答が繰り返されたあと、頼綱は「蒙古の襲来はいつ頃だろうか」と核心に切り込む。日蓮はそれに答えて、「今年中には襲来するでしょう」ときっぱり予言した。この日蓮の答えは幕府の見解と一致していたため、頼綱は驚いた。

日蓮は続いて「国家を救うためには法華経を信仰すべきだ」と熱弁をふるった。しかし、頼綱が受け入れることはなかった。

身延山での厳しい生活

またもや幕府に上奏《じょうそう》を拒まれた日蓮は、「三度国を諫《いさ》めて用《もち》いられなければ、山林にまじわるべし」という故事に従うがごとく、五月十二日に鎌倉を離れる決意を固め、甲斐《かい》（山梨県）波木井郷《はきいのごう》の領主で日蓮の有力信者だった波木井実長《はきりさねなが》のもとに身を寄せた。

このときの日蓮は、もはや自分の諫暁が幕府に聞き入れられる可能性がないことを悟《さと》って失望していた。また、鎌倉にとどまり続けると、弟子や信者たちがさらなる迫害にさらされると考え、鎌倉を離れたと見られている。

その後日蓮は、ただひとりで隠遁《いんとん》すると覚悟を決めて人里離れた寒さの厳しい山中に草庵《そうあん》を結び、孤独と静寂のなかで自らの思索を深める日々を送った。しかし、弟子や信者たちは過酷な草庵生活を送る日蓮を放っておくことができず、次々と身延山《みのぶさん》に集まってきた。門徒の数はどんどん増え、最終的には百人を超える人々が日蓮と同居していたといわれている。

そのうち日蓮が草庵を結んだ身延山は、隠棲地《いんせいち》というより教団の本拠地とでもいうべき様相を呈していった。

現在、身延山には日蓮宗の総本山・久遠寺《くおんじ》が建っているが、「棲神《せいしん》の地」という呼称からもわかるように、この地にはいまも日蓮の魂が息づいている。

棲神の地・身延山

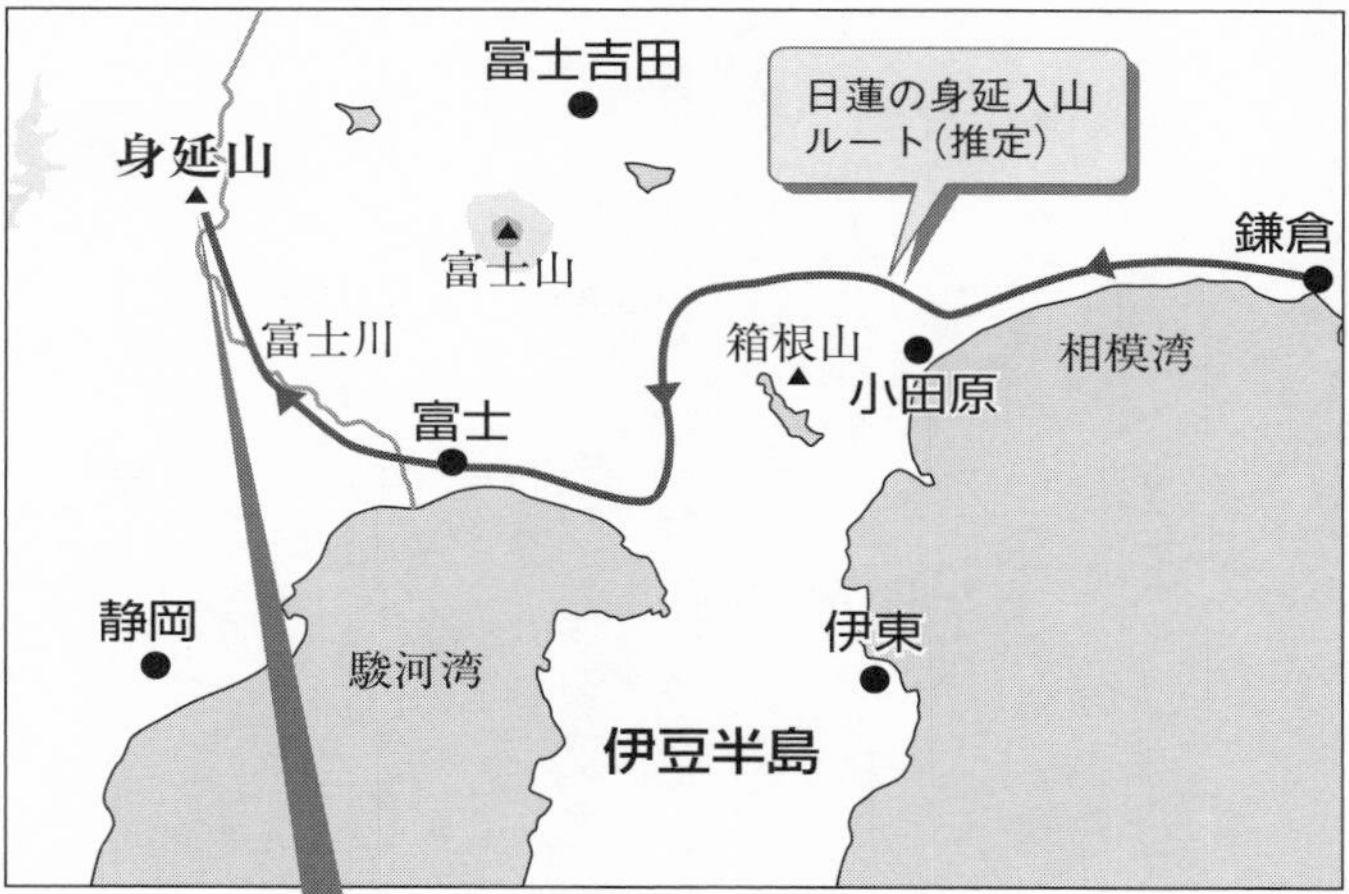

身延山絵図

日蓮が晩年を過ごした日蓮宗の総本山・久遠寺。これは身延詣がさかんだった江戸時代中後期の様子を描いたもの（身延山久遠寺蔵）

第三章

闘争の終焉

蒙古襲来

二度にわたる蒙古軍の侵攻と日蓮の予言の結末

迫りくる亡国の危機

身延山に入って約五ヶ月後の一二七四（文永十一）年十月、日蓮の予言が的中した。蒙古が本当に襲撃をかけてきたのである。三万数千の蒙古軍は、たちまち対馬《つしま》と壱岐《いき》を攻め滅ぼし、十月二十日に博多湾《はかた》に上陸した。あらかじめ襲来に備えていた日本側も懸命に応戦したが、じりじりと追い詰められ、内陸部の大宰府《だざいふ》付近まで後退を強いられた。

日本側が劣勢に陥った要因のひとつは、蒙古軍の戦法にあるといわれている。一対一の騎馬《きば》武者《むしゃ》同士、お互い名のりをあげてから戦う日本の騎馬武者に対し、蒙古軍の兵士は歩兵《ほへい》による集団戦法で相手を取り囲んで打ち倒していく。この蒙古軍のやり方に、日本側はまったく応対できなかったのだ。

また、日本側は蒙古軍の武器にも圧倒された。蒙古軍は日本製の約二倍の射程距離を誇る弓矢をもちい、「てつはう」と呼ばれる火薬の詰まったソフトボール大の小型爆弾まで使った。てつはうは轟音《ごうおん》と閃光《せんこう》を放つだけで殺傷《さっしょう》能力はなかったが、まだ火薬を知らない日本側はお

文永・弘安の役

防塁跡
蒙古軍の上陸を防ぐため、博多湾沿いに20キロにわたって築かれた

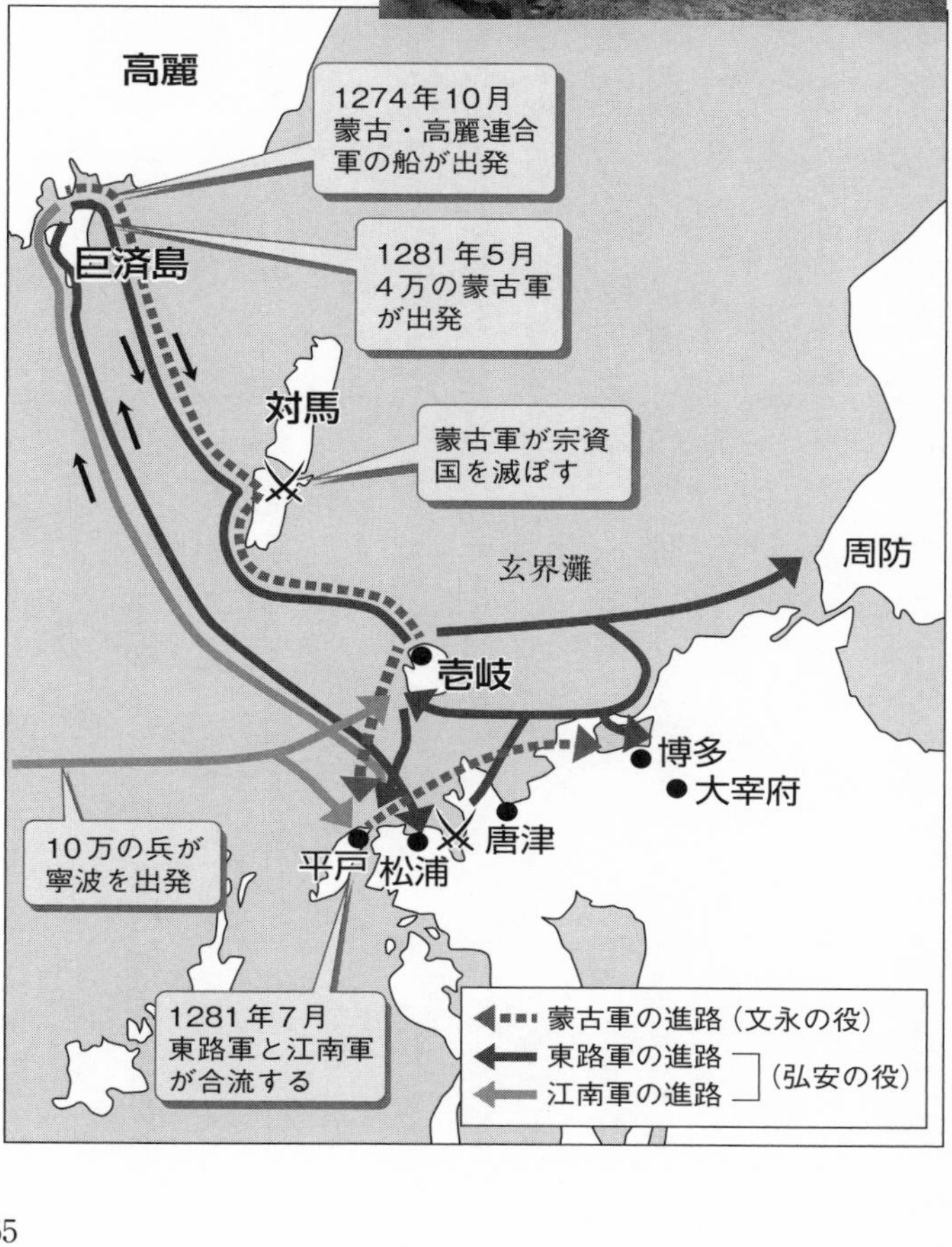

おいに驚かされた。異質な外国の軍隊との戦いに日本は防戦一方、攻勢に出られる要素は見当たらない。その命運はもはや風前《ふうぜん》の灯《ともしび》となった。

日蓮は、十一月初旬までには蒙古襲来の情報を得ていたと見られている。年内には必ず侵攻があると確信していたため、身延でも蒙古の動向に注目していたのだ。そして襲来を知ったあと、「幕府が命じている真言《しんごん》の祈祷《きとう》をやめるべきだ」と信者への手紙に書いた。

ところが、この文永《ぶんえい》の役《えき》はあっけない幕切れを迎える。十月二十日の夕刻、蒙古軍の船団が海上から忽然《こつぜん》と消えてしまったのだ。一般には嵐によって壊滅したとされているが、その痕跡は見つかっておらず、現在は軍内部の統制不足に原因を求める声が高まっている。

ただし、これで蒙古の脅威が去ったわけではなかった。一二八一（弘安《こうあん》四）年、ふたたび蒙古の大軍が襲来する。弘安《こうあん》の役《えき》である。五月の対馬侵攻を皮切りに、七月には十四万の蒙古軍勢が博多湾に会した。そして七月三十日夜、蒙古軍は明日の総攻撃を控えて肥前《ひぜん》沖に集結した。だが、またしても嵐に襲われ、船団は一夜のうちに壊滅状態に陥った。

当たらなかった日蓮の予言

この事実に、誰より衝撃を受けたのは日蓮だった。なぜなら自身の予言が完全には当たらなかったからだ。

日蓮は『立正安国論』で「外寇（他国侵逼難《たこくしんぴつなん》）」を予言したが、これは「他国に攻められる」ではなく、正確には「他国に攻め滅ぼされる」という意味になる。つまり日本が滅びると予言していたのに、滅びることはなかったのである。日本としては幸いだった。しかし、宗教的な予言者としては意外な展開を迎えたことになる。

これ以降、日蓮は蒙古襲来に関する予言をやめた。弟子や信者たちにも「蒙古については一切触れるな。これを破った者は破門《はもん》する」と厳しく命じている。

日蓮の予言とその結果

① 人衆疾病難（悪病の流行）⇩ 実現
② 他国侵逼難（外国による侵略）⇩ ？
③ 自界叛逆難（内乱が発生する）⇩ 実現
④ 星宿変怪難（星座の運行に異変）⇩ 実現
⑤ 日月薄蝕難（日食や月食が頻発）⇩ 実現
⑥ 非時風雨難（風雨の異変が発生）⇩ 実現
⑦ 過時不明雨難（長期の日照り）⇩ 実現

②は正確には「他国に攻め滅ぼされる」ことを意味する。さらに日蓮は、蒙古襲来で国内の邪法が滅ぶと考えていた。ところが、そうした結果にはならなかった

入滅

弟子たちと法華経を唱和しながら迎えた最期

療養のため九年ぶりの下山

二度の侵攻に失敗した蒙古は、日本への遠征を中止した。その後、三度目の侵攻はなかったわけだが、当時の人々はそんなことを知るよしもなく、幕府は三度目の襲来を予想して警戒を怠らなかった。

一方、日本滅亡という予言を外した日蓮は、急速に気力を衰えさせていった。正確には、予言の一件だけが負担になったのではないだろう。長年の修行や身延山の厳しい環境による体力的な衰えが精神面にいっそうの打撃を与えていたと考えられる。弘安の役が一段落した頃からしばしば体調を崩すようになり、ひどい下痢《げり》に悩まされていたという。

このとき、日蓮は六十歳。師の衰弱ぶりを心配した信者の波木井実長が、「少しでも良い環境を」と新しい堂を寄進してくると、日蓮はその完成を喜んだ。そして翌一二八二（弘安五）年には少し健康を持ち直した。

しかし、もはや身延山の冬の寒さに耐えられる体ではなかったのだろう。秋が深まった頃、

日蓮が後事を託した6人の高弟

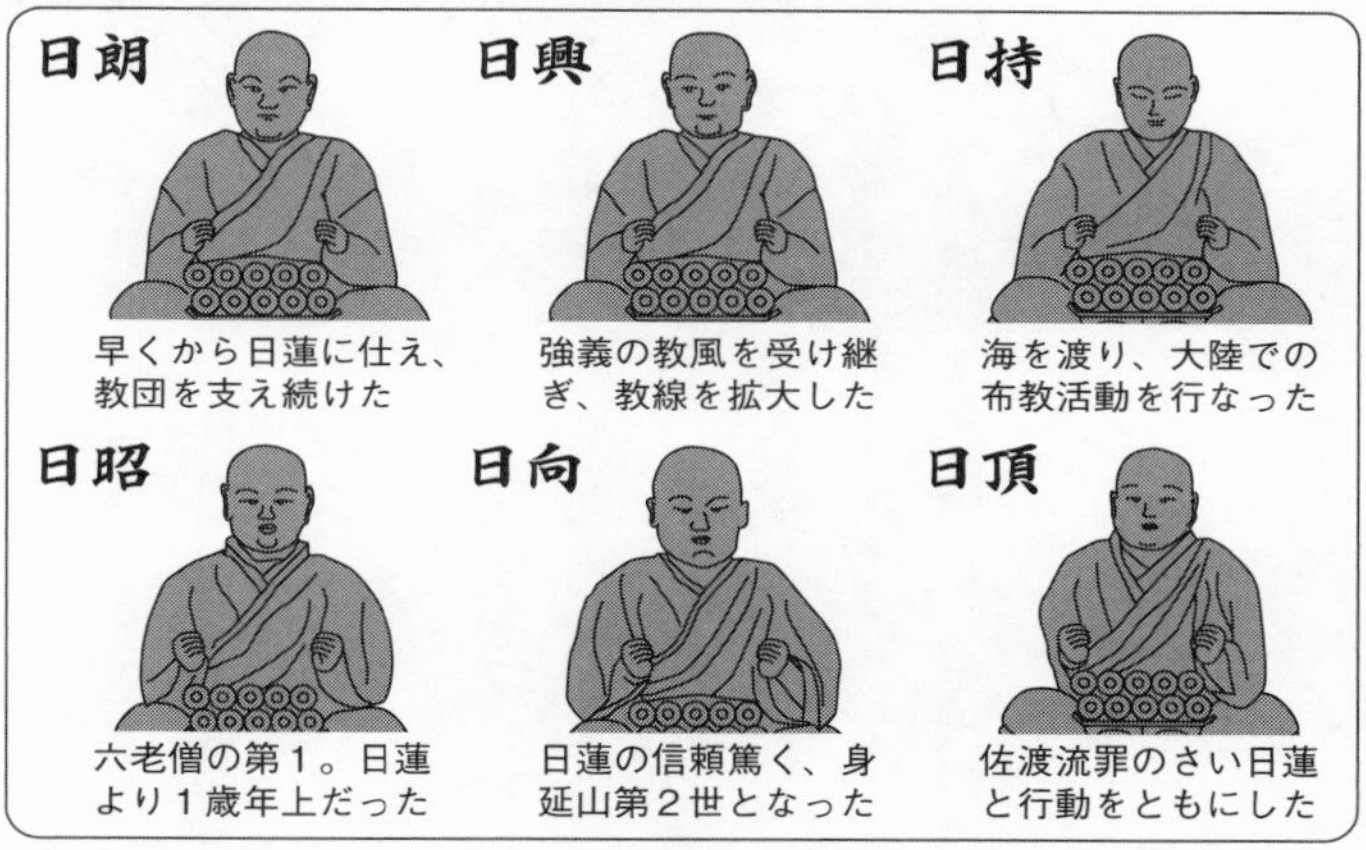
日朗
早くから日蓮に仕え、
教団を支え続けた
日興
強義の教風を受け継
ぎ、教線を拡大した
日持
海を渡り、大陸での
布教活動を行なった
日昭
六老僧の第１。日蓮
より１歳年上だった
日向
日蓮の信頼篤く、身
延山第２世となった
日頂
佐渡流罪のさい日蓮
と行動をともにした

日蓮はこの６人を「本弟子」（六老僧）と定め、教えを守り続けるよう遺言したと伝えられている

日蓮は弟子のすすめで常陸《ひたち》（茨城県）の温泉で療養することを決意し、九月八日に九年間過ごした身延山をあとにしたのである。

池上で身辺整理を行なう

当初は常陸の湯から故郷の安房《あわ》小湊《こみなと》へ向かい、両親の墓参りをする予定が立てられていた。だがその途上、日蓮の病状は悪化。武蔵池上《むさしいけがみ》（東京都大田区）の信者・池上宗仲《いけがみむねなか》の館において、起き上がることもできなくなってしまう。

死期が近いことを悟《さと》った日蓮は、同地で身辺整理をはじめる。まず弟子の日興《にっこう》に代筆させて、波木井実長に手紙を送った。その手紙のなかでは、九年にわたる身延山での給仕に対して篤《あつ》い謝辞を述べ、死後は身延に墓を築くよう依頼している。

九月二十五日には集まってきた弟子や信徒に『立正安国論』を講じ、十月八日には今後教団の指導者となるべき日昭《にっしょう》・日朗《にちろう》・日興《にっこう》・日向《にこう》・日頂《にっちょう》・日持《にちじ》の六人の僧を「六老僧《ろくろうそう》」と定め、後事を託した。日蓮は自分が入滅《にゅうめつ》したあとの教団の発展を考え、教団の結束をはかろうとしたのだ。

遺言には釈尊仏《しゃくそんぶつ》の立像を墓のそばに奉《たてまつ》り、『註法華経《ちゅうほけきょう》』を墓の傍《かたわ》らにある堂に安置して、六人の弟子が交代で侍《はべ》るときにそれを開くよう命じた。

そして十月十三日、ついに日蓮に臨終《りんじゅう》のときが訪れる。

日蓮は自筆の大曼荼羅《だいまんだら》を枕元に掲げ、弟子たちとともに法華経を読みながら、六十一年の波乱に満ちた生涯を閉じたのである。

こうして日蓮宗を立教開宗し、法華経の行者《ぎょうじゃ》としての生涯を捧げた不世出の僧、日蓮は帰らぬ人となった。

しかし、日蓮がその命を賭《と》して説いた法華経への信仰、すなわち日蓮宗はこののち、幾度もの分裂を繰り返しながらもおおいに発展し、その信仰は八百年以上たったいまに至るまで脈々と生き続けることになる。

日蓮の入滅

日蓮は武蔵の信者・池上宗仲の館で61年の生涯を閉じた。周りを弟子や信者が取り囲み、死を悼んでいる（『日蓮聖人入寂の図』身延山久遠寺蔵）

第三章

闘争の終焉

葬送

秋、桜のもと弟子たちに送られゆく日蓮

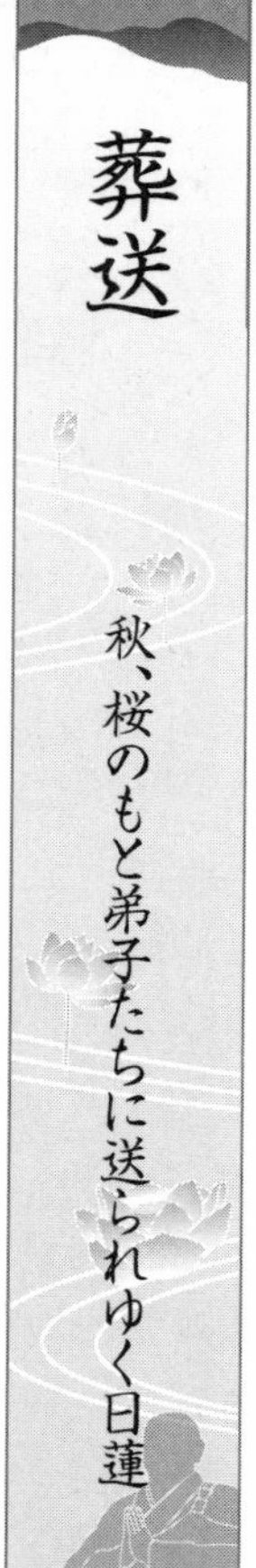

葬儀と遺品の分配

日蓮が入滅したのは秋が深まり行く十月だったが、池上では季節はずれの桜が咲いていたといわれる。臨終《りんじゅう》から一夜明けた十月十四日には、その桜に見送られるようにして、厳粛な葬儀が執《と》り行なわれた。

午後八時頃に納棺《のうかん》し、真夜中の午前零時に葬列に守られながら出棺がはじまった。葬列の松《たい》明《まつ》は鎌倉の二郎三郎《じろうさぶろう》、大宝華《だいほうけ》は駿河《するが》（静岡県）の四郎次郎《しろうじろう》、幡《ばん》は四条金吾《しじょうきんご》と池上宗仲、香《こう》は富木常忍《ときじょうにん》、鐘《かね》は太田乗明《おおたじょうみょう》、散華《さんげ》は南条時光《なんじょうときみつ》、経《きょう》は大学三郎《だいがくさぶろう》、文机《ふづくえ》は富田四郎太郎《とみたしろうたろう》、履物《はきもの》は源内三郎《げんないさぶろう》がそれぞれ捧げた。

柩《ひつぎ》を乗せた輿《こし》を運んだのは弟子たちだ。日昭が輿を先導し、弟子たちが八人ずつ前後にわかれて担ぎ上げ、日昭が後ろを守る。

そのあと天蓋《てんがい》は太田三郎《おおたさぶろう》、太刀《たち》は池上宗長《むねなが》、腹巻《はらまき》は椎地四郎《しいじしろう》が捧げて続き、亀王《かめおう》・瀧王《たきおう》という童《わらべ》が馬を引いて従った。

池上本門寺

池上宗仲の館の持仏堂を改装して建てられた霊跡。江戸時代に入り、歴代将軍の庇護のもとで大きく発展を遂げた

こうして日蓮の弟子と信者たちによる葬列は、館のかたわらに設けられた荼毘《だび》の場へ向かって粛々《しゅくしゅく》と進んでいった。

やがて日蓮の遺骸《いがい》は荼毘にふされ、炎が谷間を染めた。弟子たちは最後の奇跡を祈ったが、火葬は静かに終わり、あとには遺骨だけが残された。

遺骨は六老僧の手で宝瓶《ほうびょう》におさめられた。

葬儀が終わると、六老僧のひとり日興によって日蓮の遺物の分配が行なわれた。法華経は日昭に、釈尊仏は日朗に分配された。

そのほか乗馬五頭、衣、袈裟《けさ》、太刀、腹巻、念珠《ねんじゅ》、小袖《こそで》、帷子《かたびら》、帽子、銭二十一貫文《かんもん》などの遺物も分配された。これらの遺物からは、法華《ほっけ》信仰に生涯を捧げた日蓮の慎《つつ》ましい日常生活の一端がうかがえる。

涙にむせぶ身延山での納骨式

十月十九日に七日忌の法会《ほうえ》を終えた弟子や信者たちは、二十一日になると日蓮の遺骨を遺言どおりに埋葬すべく池上を出発し、二十五日には身延山中へと入った。

そして二十六日、身延山にて二七日忌《ふたなのか》の法会が営まれる。多くの信者たちが駆けつけ、遺骨の前で泣きながら合掌《がっしょう》した。

弟子たちは廟《びょう》のそばに庵室《あんしつ》を構え、日昭は不軽院《ふけいいん》、日朗は正法院《しょうほういん》、日興は常在院《じょうざいいん》、日持は本応院《ほんおういん》、日頂は本国院《ほんこくいん》、日向は安立院《あんりついん》にそれぞれ籠《こも》って喪《も》に服した。一方、四条金吾は主君である江間《えま》氏のもとを離れた。そして身延山中で日蓮の廟を最後まで守り続け、その生涯を終えた。

その後、百ヶ日にあたる一二八三（弘安六）年正月二十三日には、日蓮が身延で過ごした堂の背後に墓塔がつくられ、日蓮の遺骨がおさめられた。その墓には六老僧たちが交替で付き添い、守っていくことになった。こうして日蓮は生前の願い通り、人生の晩年を過ごした身延山に静かに眠ることになった。

久遠寺の祖廟

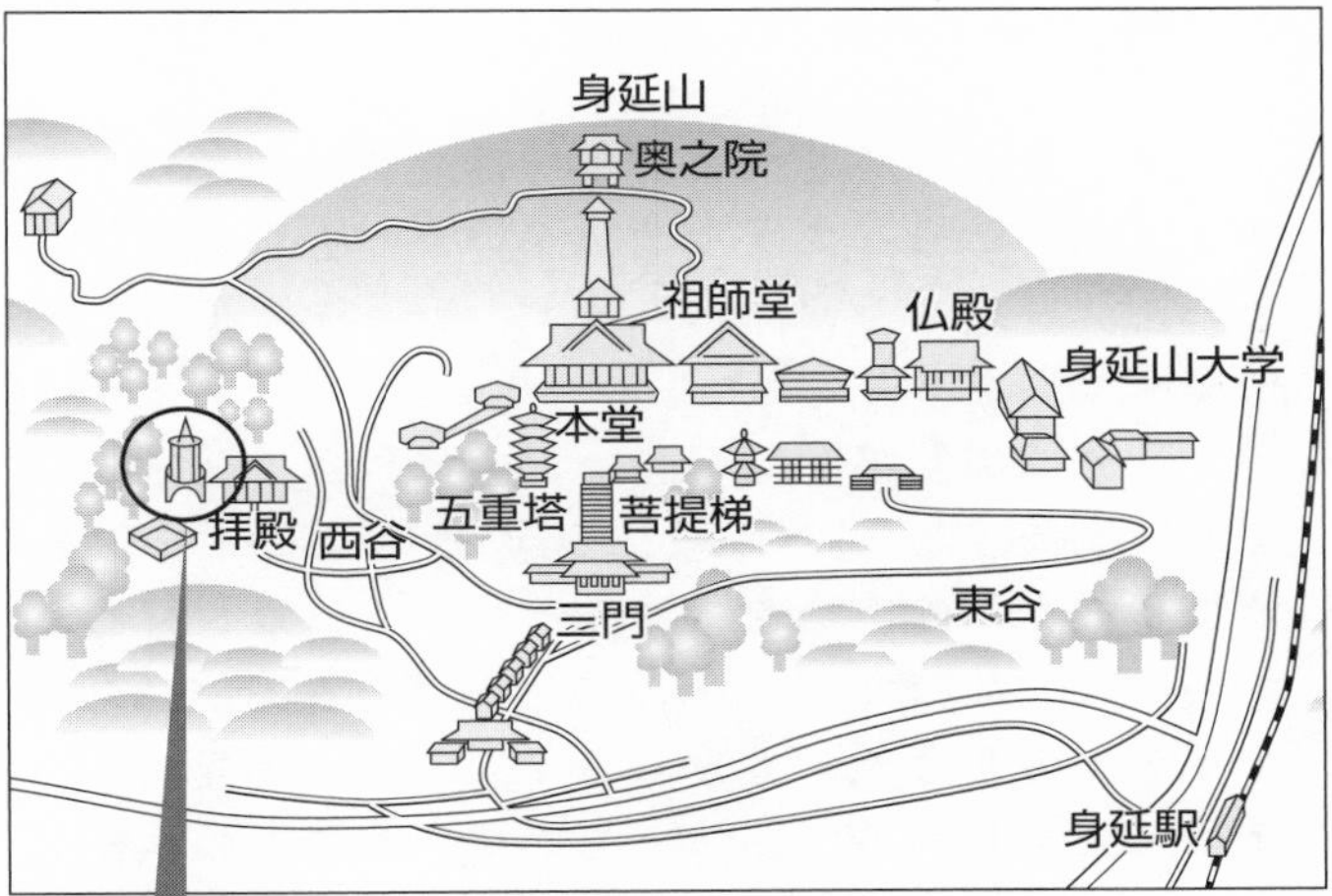

日蓮の遺言に従って建てられた御廟塔。塔のなかには古い五輪の墓があり、その石室に遺骨の一部と火葬の灰がおさめられている

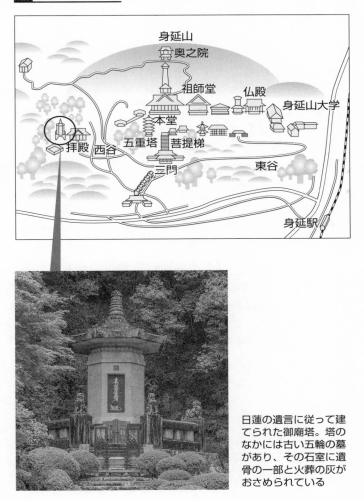

コラム

日蓮にまつわる伝説

元来、歴史に名を残すような偉人や宗教家は、真偽をはかりかねるような伝説をいくつも残しているものだ。日蓮もその例にもれず、行く先々で多くの伝説を残している。

たとえば山梨県身延町の上沢寺《じょうたくじ》には、日蓮伝説にまつわる銀杏《いちょう》の木がある。日蓮が身延に入山する頃、穂積村の僧とのあいだで法論が生じ、日蓮が勝利した。負けた僧は毒まんじゅうをもって日蓮を訪ねたが、通りかかった白犬が毒まんじゅうを食べて死ぬ。日蓮は白犬を哀れみ、寺の境内に葬って銀杏の杖を立てた。その杖に根が生え成長したのが上沢寺の銀杏で、いまではこの木に触れると体の毒が消えるといわれている。

ほかに佐渡流罪の直前、日蓮が依智本間《えちほんま》邸に滞在していたとき、空から星が降ってきて庭の梅の木にかかった話なども広く知られている。

しかし、もっとも有名な日蓮伝説といえば、龍の口法難のさいに出現した謎の光り物だろう。この光に関しては、ただの伝説ではなく、当時の記録などから、本当に何かが光ったと見られている。一説によると、流星群ではないかという。

このように日蓮にまつわる伝説は、すべてが後世の創作とは限らない。奇跡が現実に起こった可能性も十分に考えられる。そして、たとえそれが偶発的な出来事だったとしても、偉大な宗教家だからこそ起こり得たと解釈することもできるのである。

第四章

日蓮宗の発展

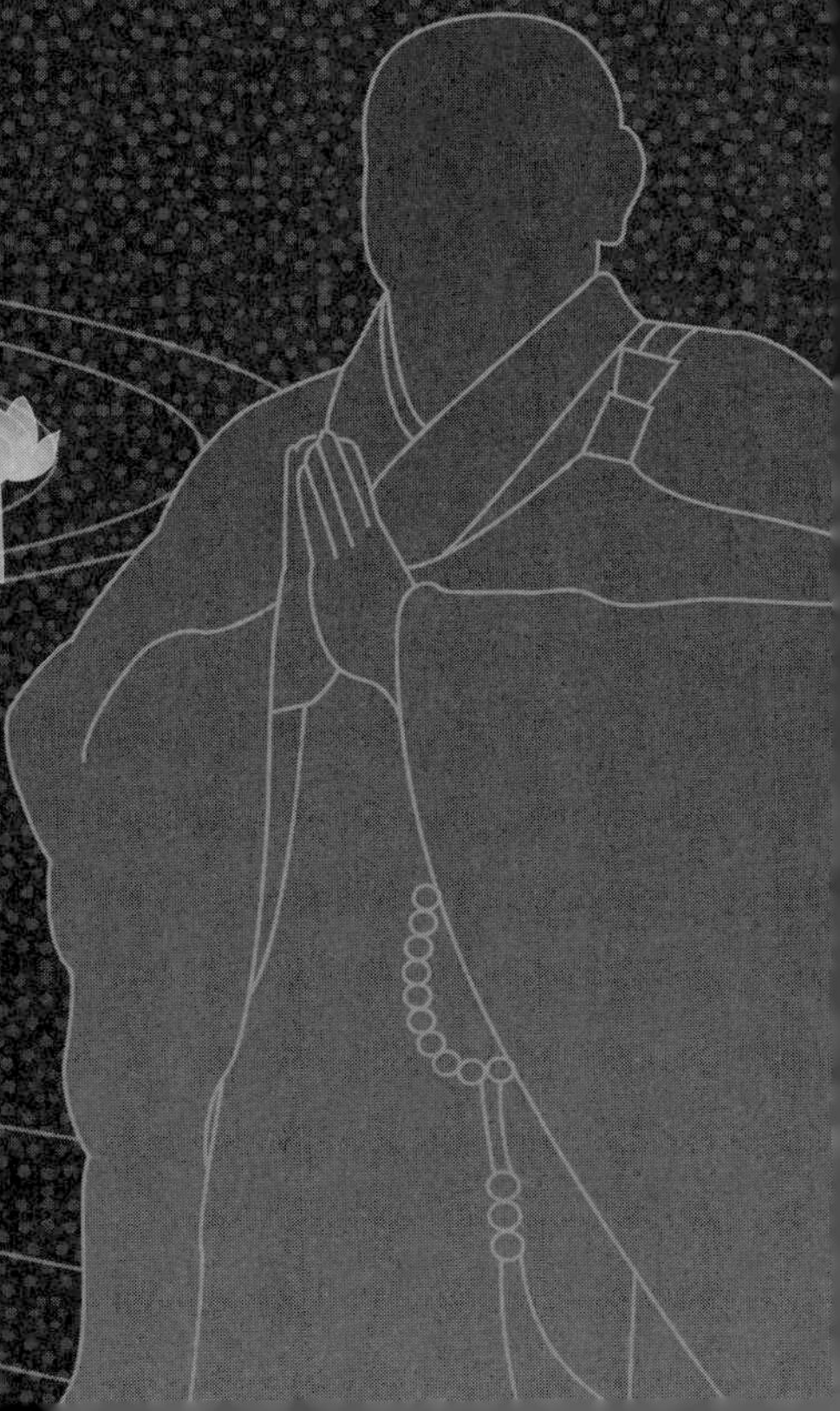

鎌倉時代

日蓮の意に反して六年で崩壊した教団の結束

守られなかった日蓮の遺言

日蓮《にちれん》の死後、教団は日蓮の遺言どおり六老僧《ろくろうそう》による合議制《ごうぎせい》で運営されていくことになった。六老僧はまず月割当番制（輪番制《りんばんせい》）を取り決めた。一ヶ月交替で山に入り、日蓮の墓所を守ろうというのである。

この輪番制には、教団の結束を固めようとする意図もあったが、十分に機能することはなかった。各地で熱心に布教活動をしている六老僧にとって、地元を離れて一ヶ月も身延《みのぶ》山中に籠《こも》るのは大きな負担だったのだ。

結局、日蓮の三周忌の頃には駿河《するが》の日興《にっこう》と上総《かずさ》（千葉県）の日向《にこう》が常駐するようになり、輪番制は破綻《はたん》してしまう。じつは、これが後世に続く日蓮宗の分派のはじまりであった。

はじめての分派となった日興門流

日蓮宗において、はじめての分派が起こったのは、日蓮の死後六年目のことだ。

祖廟の輪番制

当番：毎年１ヶ月間、身延に常駐して
日蓮の墓所を守る

1月	2月	3月	4月	5月	6月	7月	8月	9月	10月	11月	12月
日昭	日朗	日伝・日賢	日頂	日持	日弁・日秀	日合・伊賀公	日法・日位	日興	日向	日実・日保	日秀・日家

輪番制は日蓮の遺言にもとづくものだったが、地元を離れての１ヶ月間の身延常駐は容易ではなく、３年しか続かなかった

きっかけは、久遠寺《くおんじ》を開基した身延の信者・波木井実長《はきりさねなが》が三嶋大社《みしまたいしゃ》を参拝したことにある。教えを人一倍厳格に守る日興が「神社参拝は日蓮の教えに反する」とこれを諫《いさ》めたところ、実長は反発。この問題で日向や他の老僧たちは実長の擁護に回ったため、日興はすっかり孤立してしまう。

立場を失った日興は、弟子とともに身延山を下る。そして富士山麓に大石寺《たいせきじ》を、駿河の重須《おもす》に本門寺《ほんもんじ》を開いた。ここに教団初の分派、日興門流《もんりゅう》（富士門流）が発生したのである。

この一件を皮切りに、教団からは次々と門流が生まれた。日興が去ったあと久遠寺を継いだ日向は、同寺と上総藻原《もばら》（千葉県茂原市）の妙光寺《みょうこうじ》（藻原寺《そうげんじ》）を中核に日向門流（身延・

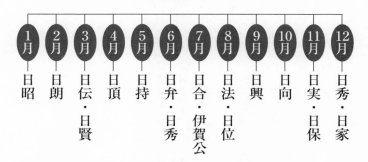

藻原門流）を興《おこ》した。

さらに日昭《にっしょう》は鎌倉浜土法華寺《かまくらはまどほっけじ》（妙法華寺《みょうほっけじ》）を中核に日昭門流（浜《はま》門流）を、日朗《にちろう》は池上本門寺《いけがみほんもんじ》と鎌倉妙本寺《かまくらみょうほんじ》を中核に日朗門流（比企谷《ひきがやつ》門流）をそれぞれ興した。

六老僧以外にも新たな門流を興した者がいる。日蓮の有力な外護者《げごしゃ》である富木常忍《ときじょうにん》は出家《しゅっけ》して日常《にちじょう》と名のり、下総若宮《しもうさわかみや》（千葉県市川市）の法華寺《ほっけじ》（現在の中山《なかやま》法華経寺）を中核に日常門流（中山門流）を形成した。

これ以降、日蓮宗では日興門流、日向門流、日昭門流、日朗門流、日常門流という五つの門流を基礎として、さらに多くの門流が誕生していく。各門流は互いに正統性を主張し、ときには抗争を繰り広げながら発展を続け、江戸時代以降は日蓮の墓所を擁する身延の日向門流が主導権を握るようになる。

なお、六老僧のうち日頂《にっちょう》と日持《にちじ》は門流を興していない。日頂はのちに重須に隠棲《いんせい》した。一方、日持は精力的に布教活動に取り組んだことで知られ、その布教先は北海道からさらに中国大陸にまでおよんだとされる。

近年、中国の宣化《せんか》で十三世紀の遺品が見つかり、日持の大陸への布教は単なる伝説ではなかったことが実証されている。

日蓮宗の系譜

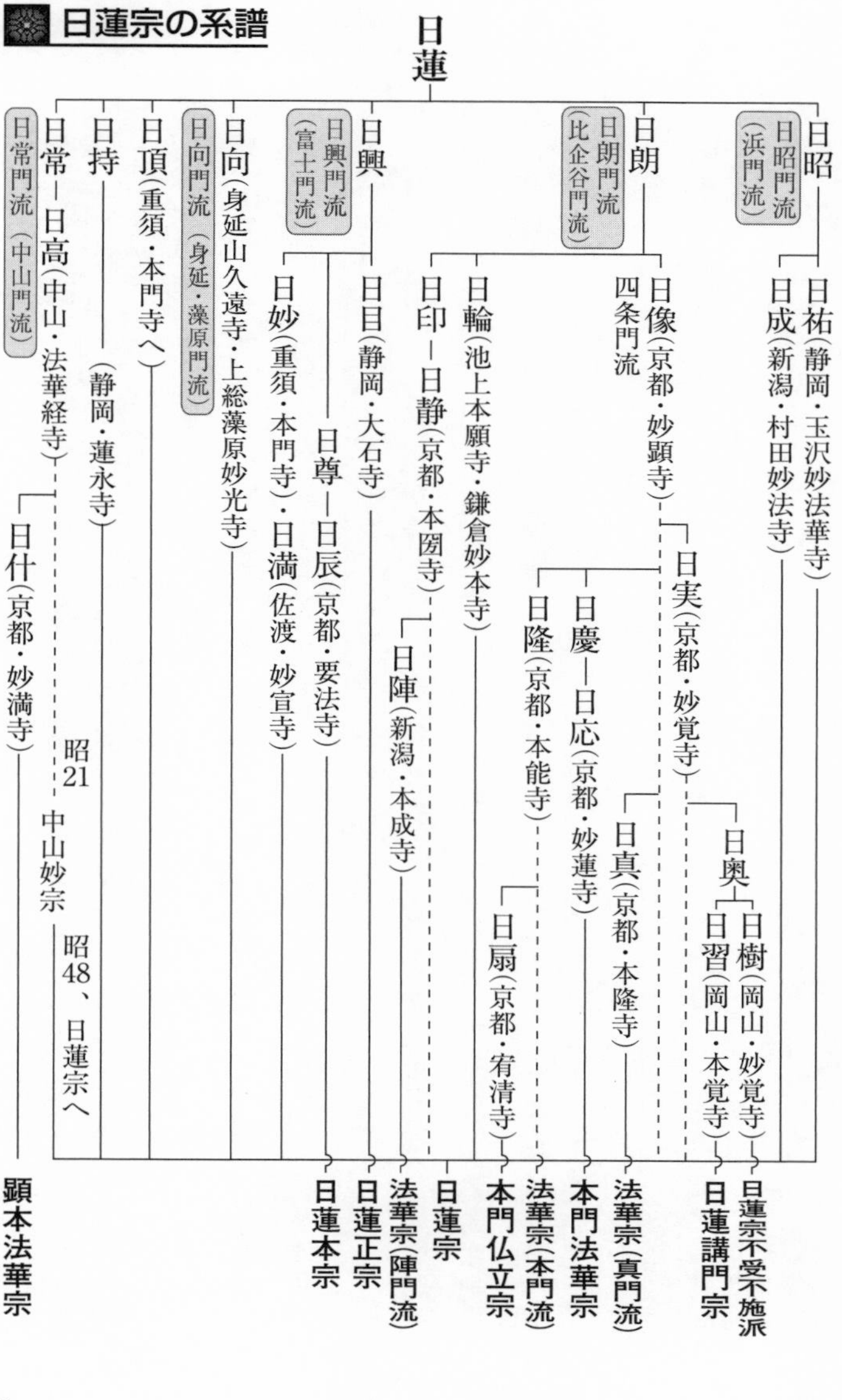
日蓮
日昭
日昭門流（浜門流）
日祐（静岡・玉沢妙法華寺）
日成（新潟・村田妙法寺）
日蓮宗不受不施派
日朗
日朗門流（比企谷門流）
日像（京都・妙顕寺）
四条門流
日実（京都・妙覚寺）
日奥
日樹（岡山・妙覚寺）
日習（岡山・本覚寺）
日蓮講門宗
日真（京都・本隆寺）
法華宗（真門流）
日慶
日応（京都・妙蓮寺）
本門法華宗
日隆（京都・本能寺）
法華宗（本門流）
日扇（京都・宥清寺）
本門仏立宗
日輪（池上本願寺・鎌倉妙本寺）
日蓮宗
日印
日静（京都・本圀寺）
日陣（新潟・本成寺）
法華宗（陣門流）
日興
日興門流（富士門流）
日目（静岡・大石寺）
日蓮正宗
日尊
日辰（京都・要法寺）
日蓮本宗
日妙（重須・本門寺）
日満（佐渡・妙宣寺）
日向
日向門流（身延・藻原門流）
日向（身延山久遠寺・上総藻原妙光寺）
日頂（重須・本門寺へ）
日持
（静岡・蓮永寺）
日常
日常門流（中山門流）
日高（中山・法華経寺）
昭21
中山妙宗
昭48、日蓮宗へ
日什（京都・妙満寺）
顕本法華宗

室町時代

念仏・禅が拮抗するなか全国に拡大した教線

日蓮宗が全国規模に大発展

鎌倉時代、念仏《ねんぶつ》や禅《ぜん》など多くの宗派がしのぎをけずるなか、日蓮宗はおもに関東、東北など東国を中心に教線《きょうせん》を広げていた。最大勢力は念仏、二番手は禅で、日蓮宗の勢力はまだまだ小さなものだった。

しかし、鎌倉から室町へと時代が移り変わると、仏教界の勢力図も変化を見せる。室町時代、幕府と朝廷の双方から認められ、随一の勢力を誇ったのは臨済宗《りんざいしゅう》だ。それに続いたのが地方の農民の信仰を集め、巨大勢力へと躍進した浄土真宗《じょうどしんしゅう》。日蓮宗は二宗に勝ることができなかったが、この時期に全国規模にまで教線を拡大していった。

その礎《いしずえ》を築いたのは日像《にちぞう》である。日像は幕府の所在地である京都への布教を託された日蓮最晩年の弟子で、自身で建立《こんりゅう》した妙顕寺《みょうけんじ》を武家の祈願所《きがんじょ》にすると同時に、後醍醐《ごだいご》天皇の勅願《ちょくがん》寺《じ》にすることにも成功。京都での教線拡大に一役買った。日像はのちに四条櫛笥《しじょうくしげ》に拠点を移したため、その門流は四条《しじょう》門流と呼ばれる。

一致・勝劣論争

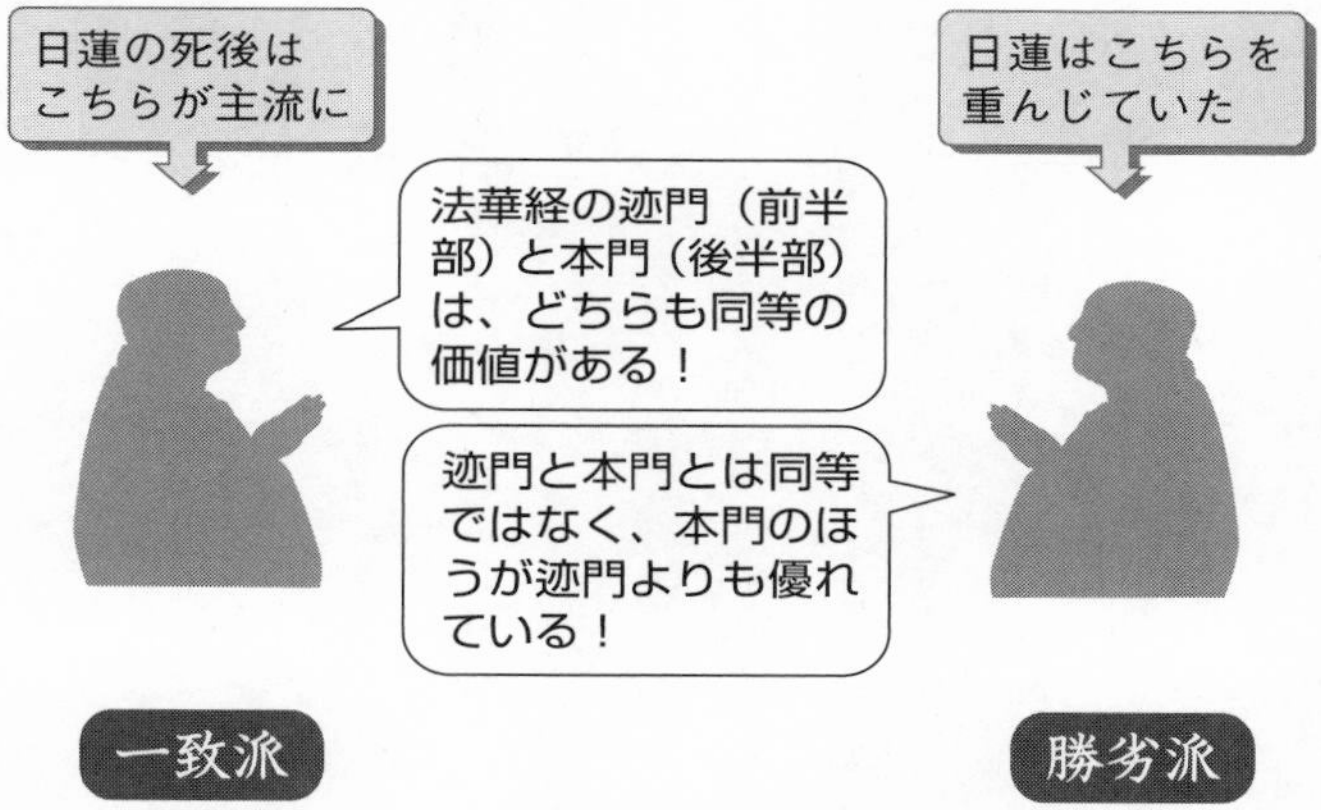
日蓮の死後はこちらが主流に
日蓮はこちらを重んじていた
法華経の迹門（前半部）と本門（後半部）は、どちらも同等の価値がある！
迹門と本門とは同等ではなく、本門のほうが迹門よりも優れている！
一致派
勝劣派

論争は各門流で起こり、分派へと発展したが、各門流が競い合うことで日蓮宗全体の勢いが活発化したという側面もある

遅れて上洛《じょうらく》した日静《にちじょう》も六条堀川《ろくじょうほりかわ》に本圀寺《ほんこくじ》を創建し、六条《ろくじょう》門流の祖となった。妙顕寺と本圀寺が京都での二大布教拠点になると、各門流も続々と上洛《じょうらく》してきた。

こうして各門流が隆盛を極めるなか、法華経の解釈をめぐり、一致派《いっちは》と勝劣派《しょうれつは》の論争が行なわれた。一致派は法華経の前半部分「迹門《しゃくもん》」と後半部分「本門《ほんもん》」（両者については後述）の価値が同一であると主張し、勝劣派は後半の方が優れていると主張した。日蓮は本門を重んじていたが、この頃になると一致派が主流となっていた。

論争からは多数の分派が生まれた。だが、傾向として一致派が保守派、勝劣派が改革派だったため、一致派の門流から独立して勝劣派の門

流を形成するケースが多かった。それでも、こうした門流ごとの切磋琢磨《せっさたくま》が日蓮宗躍進の原動力となる。

当時、京都では日蓮宗系の寺院が二十一にも達し、京都町民の半分は日蓮宗に帰依《きえ》していたといわれるほどだ。

「鍋かむり上人」こと日親の法難

また、中世の日蓮宗も、日蓮以来の教えを受け継いで折伏《しゃくぶく》による布教を中心としていた。折伏で改宗に至るケースも少なくなかったが、そのぶん法難《ほうなん》の危機にさらされることも多かった。とりわけ有名なのは、「鍋《なべ》かむり上人《しょうにん》」の異名をもつ日親《にっしん》の法難だろう。

日親は日蓮に匹敵するほど激しい折伏を行ない、六代将軍の足利義教《あしかがよしのり》にまで「法華経を信じたまえ」と迫った。しかし、これがかつて天台僧《てんだいそう》だった義教の怒りを買ってしまう。

捕らえられた日親は火責め、水責め、蒸し責めなど、さまざまな拷問《ごうもん》にかけられ、最後には真っ赤に焼けた大鍋を頭にかぶせられた。日親の頭の肉は焼け、あたりに異臭が漂った。だが、鍋のなかからは「南無妙法蓮華経《なむみょうほうれんげきょう》」の題目《だいもく》が聞こえ続けたといわれている。この逸話《いつわ》から、日親は後世、「鍋かむり上人」と呼ばれ、尊崇《そんすう》されるようになったのだ。

日親の受けた拷問の数々

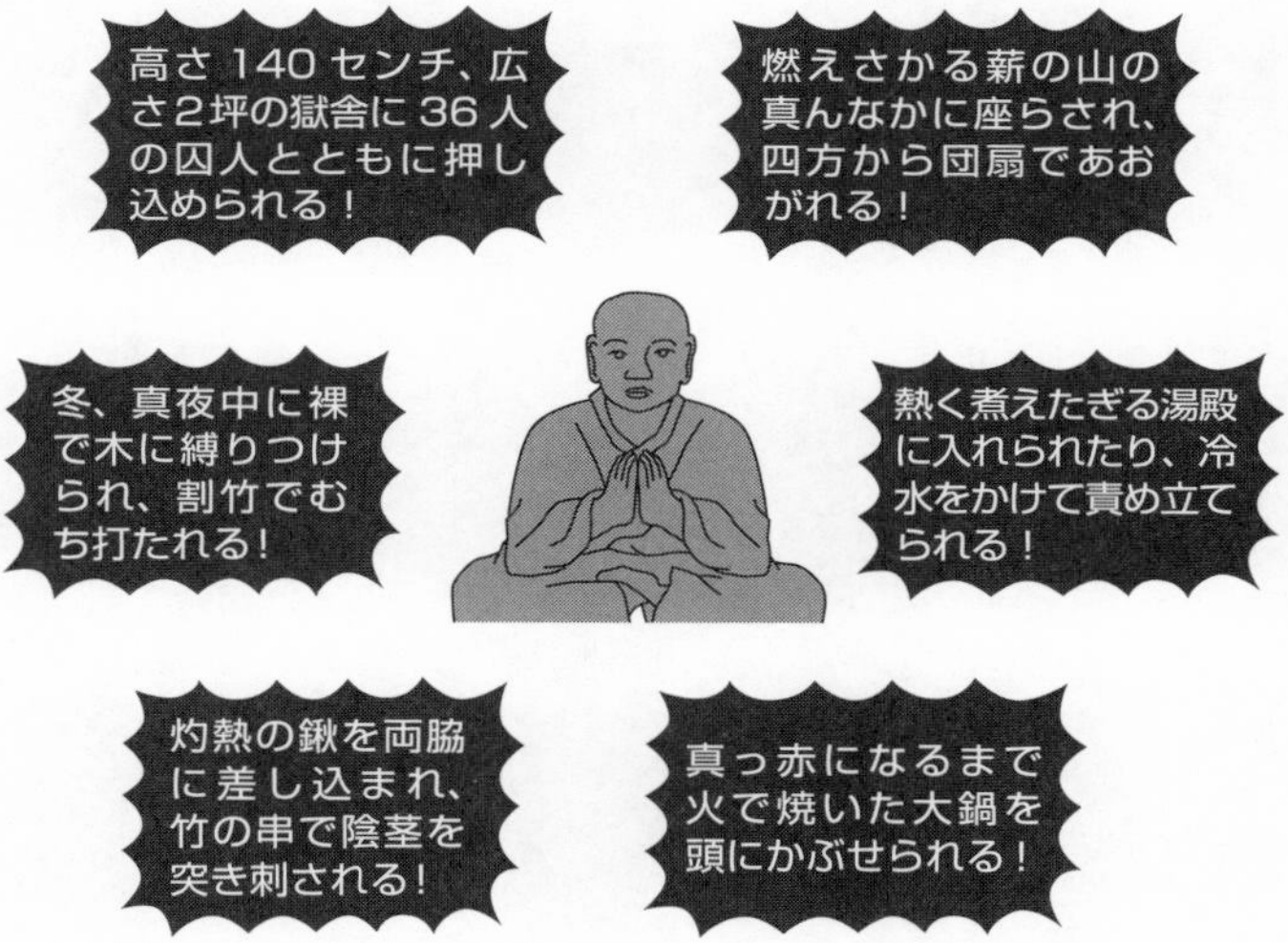
高さ 140 センチ、広さ2坪の獄舎に 36 人の囚人とともに押し込められる！
燃えさかる薪の山の真んなかに座らされ、四方から団扇であおがれる！
冬、真夜中に裸で木に縛りつけられ、割竹でむち打たれる！
熱く煮えたぎる湯殿に入れられたり、冷水をかけて責め立てられる！
灼熱の鍬を両脇に差し込まれ、竹の串で陰茎を突き刺される！
真っ赤になるまで火で焼いた大鍋を頭にかぶせられる！

本法寺

日親が活動拠点としていた京都の寺院。一時は時の将軍・足利義教によって焼却されたが、のちに再建された

戦国時代

宗勢に大打撃を与えた天文法華の乱と安土宗論

一向一揆と法華一揆の対立

室町時代にもっとも大きな勢力を誇っていたのは臨済宗だった。しかし、一四六七（応仁元《おうにん》）年から十一年間、京都を戦場に大名たちが争った応仁の乱をきっかけに、臨済宗の宗勢は衰えてしまう。

幕府が有名無実化し、それまで後ろ楯《うしろだて》としてきた権力者の庇護《ひご》を受けられなくなったためである。

その一方で、宗勢を拡大したのが浄土真宗だった。蓮如《れんにょ》を中心とする真宗教団は、戦国大名に対抗すべく各地の信者たちを集めて一向一揆《いっこういっき》を組織した。一向一揆の勢いは凄《すさ》まじく、加賀《かが》では守護大名《しゅごだいみょう》を追いやり、自治国を築くまでになる。

日蓮宗も、浄土真宗に負けじと宗勢の維持につとめた。たとえば商工層を中心に教団組織を形成していた京都では、戦乱から町の自治を守り、一向一揆に対抗する目的で法華《ほっけ》一揆をはじめた。武装して自らの身を守ろうというのだ。

天文法華の乱

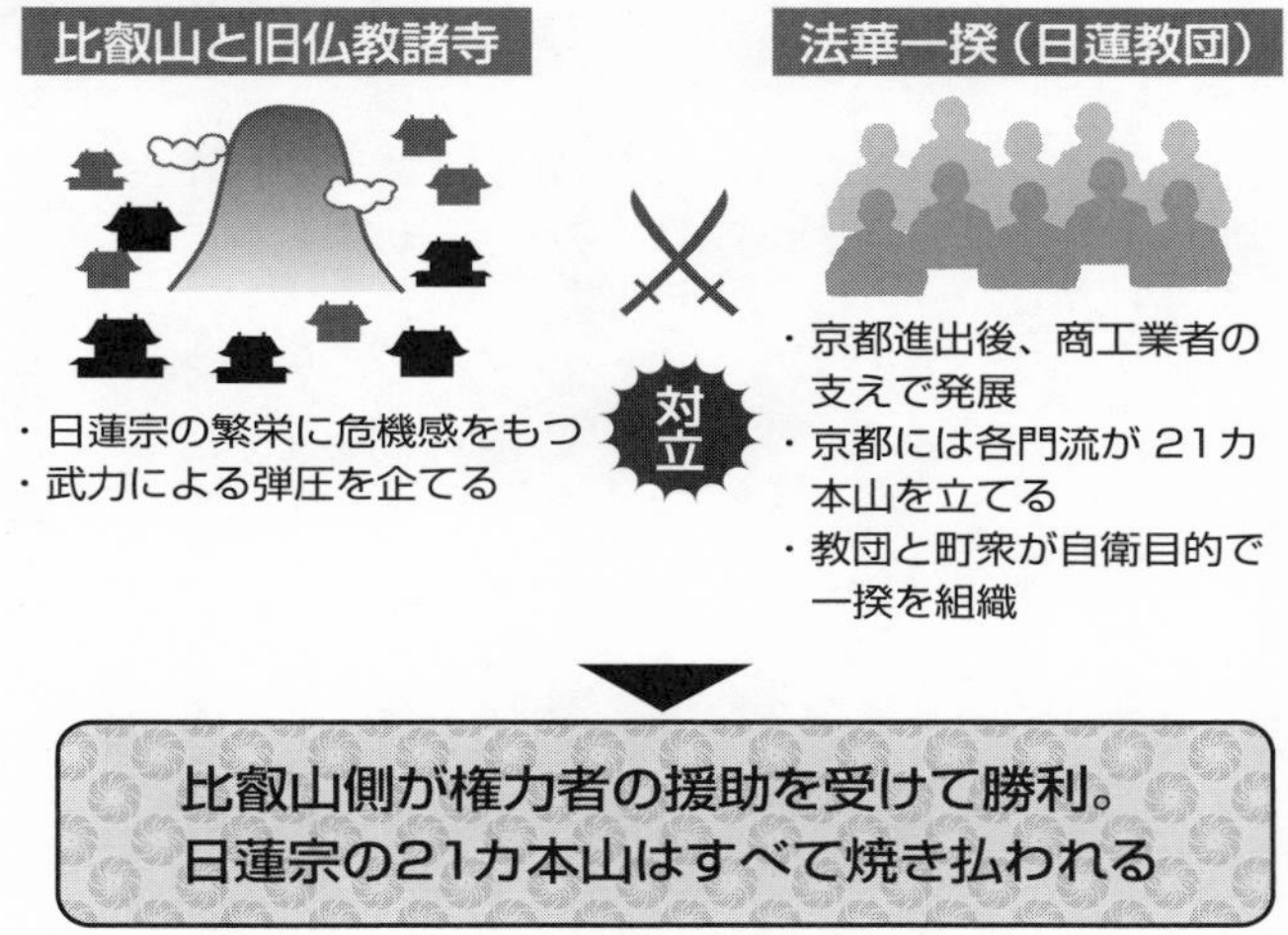
比叡山と旧仏教諸寺
・日蓮宗の繁栄に危機感をもつ
・武力による弾圧を企てる
対立
法華一揆（日蓮教団）
・京都進出後、商工業者の支えで発展
・京都には各門流が 21カ本山を立てる
・教団と町衆が自衛目的で一揆を組織
比叡山側が権力者の援助を受けて勝利。
日蓮宗の21カ本山はすべて焼き払われる

一五三二（天文元《てんぶん》）年七月には、一向一揆の京都進出を阻むために比叡山延暦寺《ひえいざんえんりゃくじ》と手を組み、蓮如の山科本願寺《やましなほんがんじ》を焼き払った。

法華一揆はこうして京都での自治権を守ったが、その後、大きな法難に見舞われる。日蓮宗の勢力拡大を危惧《きぐ》した比叡山が一五三六（天文五）年、法華一揆を攻撃してきたのである。

比叡山は有力寺院の僧兵や戦国大名ら数万の大軍でもって法華一揆に対して総攻撃をかけた。圧倒的な兵力の前に、日蓮宗の二十一カ本山はことごとく焼き払われ、敗走を余儀なくされた（天文法華の乱）。数年後、二十一カ本山に帰還の勅許《ちょっきょ》が与えられたものの、復興した寺は十五寺にとどまった。

天下統一をねらう織田信長の弾圧

この天文法華の乱後、どうにか復興をはたした日蓮宗の各門流は、弾圧に対処するために路線変更を検討した。その結果、今後は強引な布教をなるべく控え、穏健《おんけん》路線をとっていくことを確認し合った。ところが、一五七九（天正七）年に行なわれた「安土宗論《あづちしゅうろん》」で、教団はまたも法難にあい、決定的な痛手をこうむることになる。

当時、日蓮宗は天下統一をねらう織田信長《おだのぶなが》の城下町、安土にも進出していた。その安土で浄土宗《じょうどしゅう》との論争が発生したとき、信長の命で公の場での法論が行なわれることになり、日蓮宗は一方的な負けを宣告されてしまったのだ。

天下統一をめざす信長にとっては、折伏を行なったり法華一揆を組織したりする日蓮教団を野放しにしておくことはできなかった。そこで、意図的に日蓮宗に弾圧を加えたのではないかと見られている。

結局、信長は論争のきっかけをつくったふたりの日蓮信者と僧を処刑したうえ、別の三人の日蓮僧に対して日蓮宗が負けたこと、二度と法論をしないことなどを認めさせた。これによって日蓮宗は、それまでの激しい「折伏」による布教方法から相手の立場を認めて信仰を説く「摂受《しょうじゅ》」の布教方法に切り替えなければならなくなり、宗勢を削《そ》がれたのである。

安土宗論

日蓮宗 vs 浄土宗
対立の構図

念仏の教えと法華経の教えでは、法華経のほうが正しい！
念仏信者が無間地獄に堕ちるというのは間違いだ！

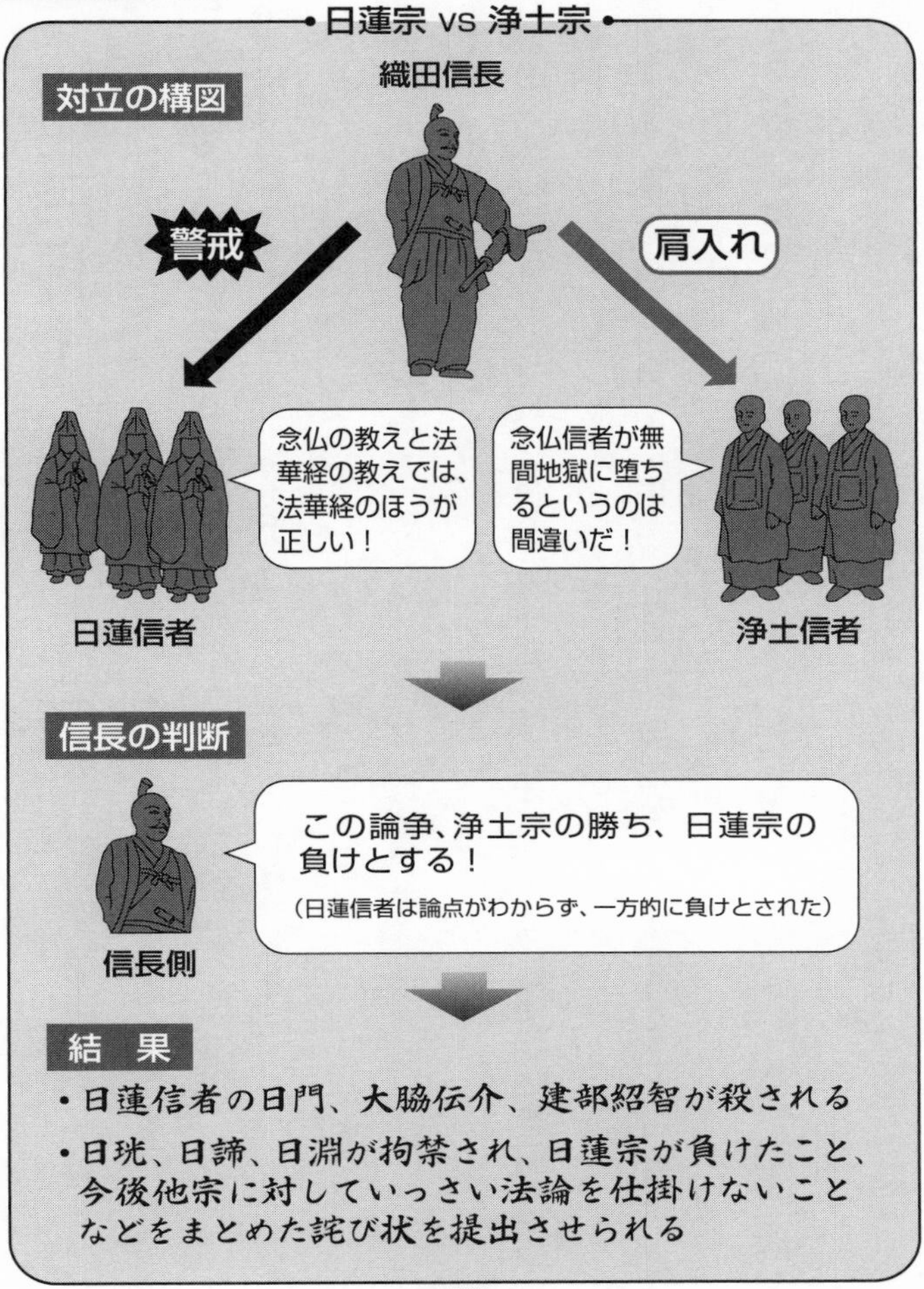
信長の判断
この論争、浄土宗の勝ち、日蓮宗の負けとする！
(日蓮信者は論点がわからず、一方的に負けとされた)
・日蓮信者の日門、大脇伝介、建部紹智が殺される
・日珖、日諦、日淵が拘禁され、日蓮宗が負けたこと、今後他宗に対していっさい法論を仕掛けないことなどをまとめた詫び状を提出させられる

日蓮宗の激しい「折伏」は見られなくなり、
穏やかな「摂受」が布教の中心になる

江戸時代

キリスト教とともに二大禁教とされた不受不施派

仏教教団を支配下に置いた江戸幕府

織田信長や豊臣秀吉《とよとみひでよし》など天下統一をめざした権力者たちは、さまざまなやり方で宗教統制を行なった。その総仕上げをしたのが、徳川家康《とくがわいえやす》が開いた江戸幕府だった。仏教教団は信長と秀吉によって大幅に勢力を減退させられていたが、江戸幕府が成立するに至って、完全に国家権力の統制下に組み込まれたのである。

江戸幕府は、まず諸宗寺院法度《しょしゅうじいんはっと》により本山《ほんざん》が末寺《まつじ》を統括する本山制度を打ち立て、その支配を確固たるものにした。

日蓮宗も、他宗と同じように本山とそれ以外の寺院を体系化することを迫られ、身延山久遠《みのぶさんくおん》寺《じ》が総本山《そうほんざん》と定められた。

また、民衆にはいずれかの宗派の檀家《だんか》であることを義務付け、宗門改《しゅうもんあらため》を行なった。各戸ごとに家族の年齢や移動などを必ず檀那寺《だんなでら》に申告させるようにし、人民支配の基盤として利用したのである。

江戸幕府の仏教統制政策

①本山制度　仏教団体を管理するため、寺院に本山と末寺の関係を設定する

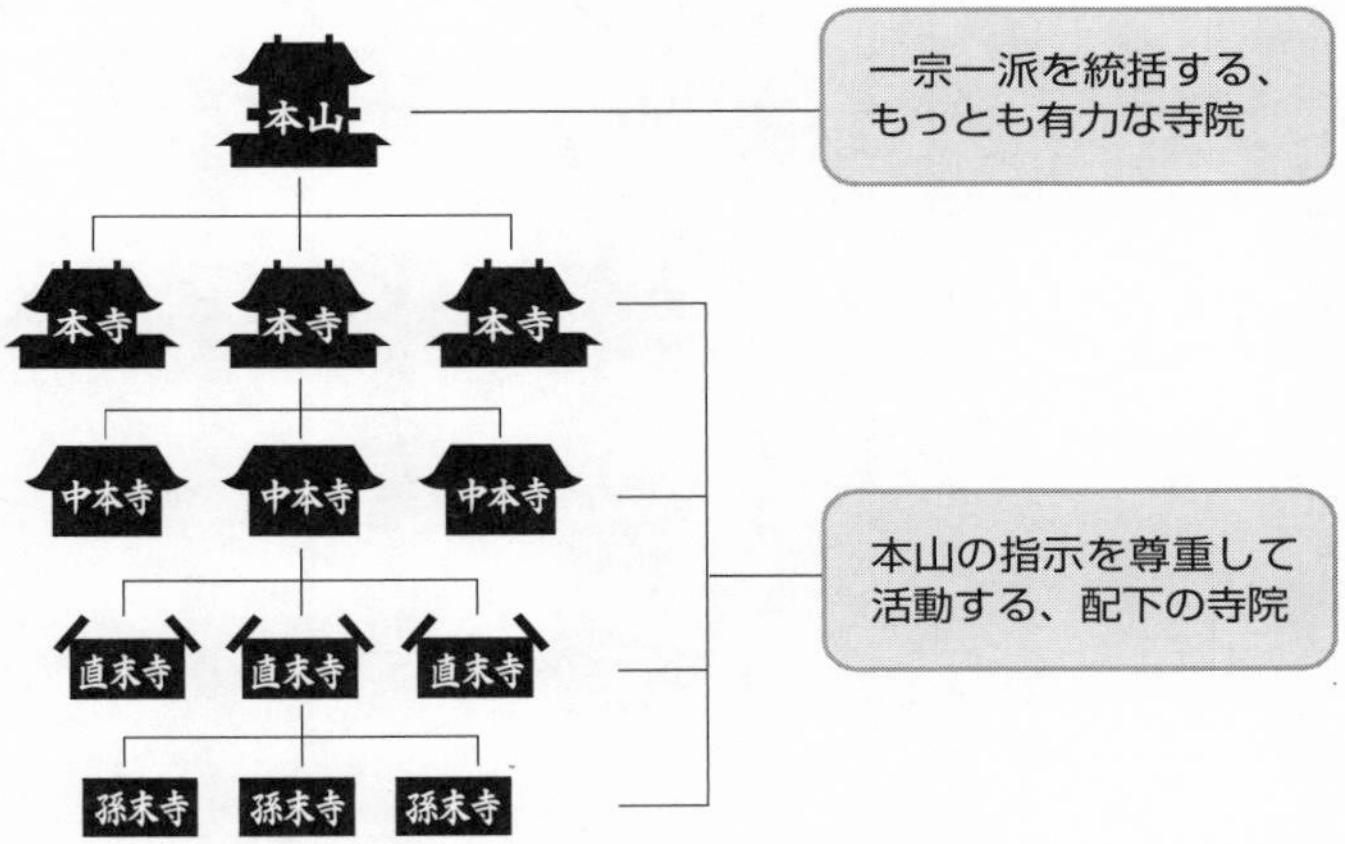

②寺社奉行　寺院と神社を統制する役所を設け、僧侶や神官のあらゆる行為を取り締まる

③宗門改　キリスト教を弾圧する目的で、誰しもいずれかの寺院の檀家になることを義務づける

宗門人別帳

現在の戸籍のようなもの。
檀那寺で、家族構成、年齢などを記入し、宗門改役に提出した

不受不施派への激しい弾圧

さらに江戸幕府は、宗教統制政策の一環として、禁止する宗教と擁護する宗教を分割した。それによりキリスト教とともに「二大禁教」とされたのが日蓮宗の不受不施派《ふじゅふせは》である。

不受不施派とは、僧は法華信者以外からは布施《ふせ》を受けず（不受）、信者も法華僧以外には布施をしない（不施）という信仰規範をさす。日蓮以降、室町時代まではこの不受不施の考え方が正統とされていたが、日蓮教団内部では時代とともに考え方に変化が見られるようになり、対立する意見も生まれていた。

その日蓮宗内での意見の食いちがいが表面化したのが、一五九五（文禄《ぶんろく》四）年に豊臣秀吉が主催した千僧供養会《せんそうくようえ》だ。これは各宗の僧を集めて行なわれた供養会で、日蓮宗にも出仕《しゅっし》の要請があった。ところが、当時の日蓮宗では、秀吉が信者でないことを理由に不参加を訴える不受派と参加を主張する受派が互いに譲らず激論が戦わされた。

そうしたなか、「権力者からの布施は受け取っても構わない」とする意見が多数決で優勢になったため、供養会への参加が決定する。

四条門流の流れをくむ日奥《にちおう》はその後も不受不施を主張し続け、徳川家康の前に出ても自派の主張を変えなかったが、結果的には家康の手で対馬《つしま》への島流しにされてしまった。

不受不施の考え方

非法華僧には布施をしない

非法華信者からの布施は受けない

江戸時代に入ってからも、この不受派と受派との対立は続いた。不受派を嫌う江戸幕府は受派の訴えを受けて仲介を試み、一六三〇（寛永《かんえい》七）年に受派の久遠寺と不受派の池上本門寺《いけがみほんもんじ》を対論させた。だが、不受派が考えを改めることはなく、対論に参加した不受派の僧は全員流罪《るざい》とされている。

その後、日蓮宗では受派が主流となり、不受派はいっそう激しい弾圧にさらされた。そして一六六七（寛文《かんぶん》七）年には、ついに幕府が不受派を禁教と位置づけ、その信者までも弾圧の対象とした。

地下に潜った不受不施派の信者たちも幕府の徹底的な弾圧にあい、一時的に根絶やしにされたといわれている。

明治時代以降

時代のうねりのなかで地歩を固める日蓮教団

② 仏教界を襲った廃仏毀釈運動

江戸時代が終わり明治時代に入ると、仏教界全体が受難《じゅなん》のときを迎えることとなる。天皇制による国家神道《こっかしんとう》を推進しようとする明治政府が、神と仏とを分離する神仏分離令《しんぶつぶんりれい》を発布し、旧幕府と結びついていた仏教勢力の一掃をはかったからだ。それにより、仏像や経典を破棄したり焼却する廃仏毀釈《はいぶつきしゃく》運動が各地で起こった。

また、明治政府は僧を俗人《ぞくじん》に戻そうとする還俗令《げんぞくれい》を出したため、日蓮宗でも多くの僧が還俗させられ、教団内は混乱に陥った。

しかし一八七〇年代半ば、廃仏毀釈運動がようやく終焉《しゅうえん》の兆《きざ》しを見せはじめると、日蓮教団では新居日薩《あらいにっさつ》らが新たな時代に対応した組織づくりに乗り出す。

日薩は久遠寺を総本山とし、池上本門寺、本圀寺《ほんこくじ》、妙顕寺《みょうけんじ》、中山法華経寺を大本山とする一致派の門流を統合して、自身が初代の管長についた。ここに現在の「日蓮宗」が正式に発足した。

明治政府が出した神仏分離令

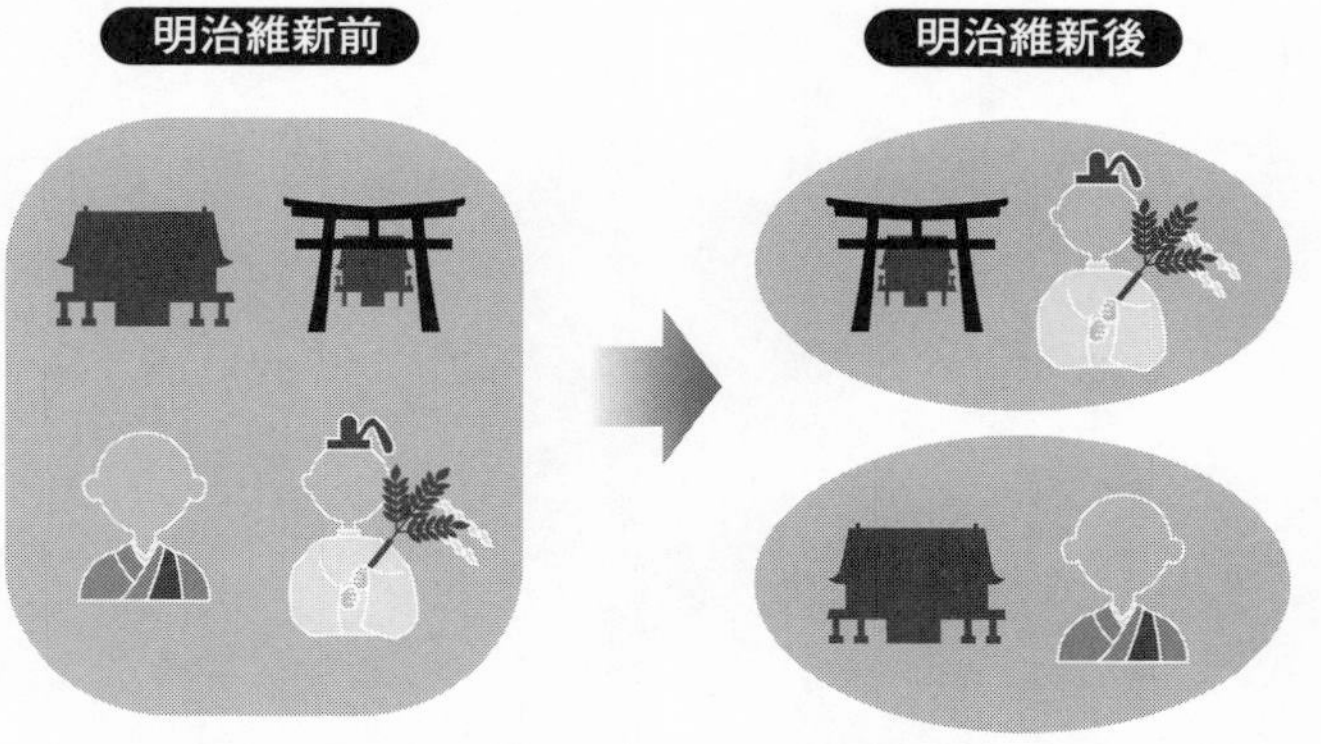

仏を主、神を従とする神仏習合が一般的で、ひとつの境内に寺社が同居することもあった

寺社が明確に区別され、神は仏の上に置かれた。廃仏毀釈では、仏像や経典が破壊焼却された

一方、勝劣派も妙満寺《みょうまんじ》派、興門《こうもん》派、八品《はっぽん》派、本成寺《ほんじょうじ》派、本隆寺《ほんりゅうじ》派の各派がそれぞれ管長制を敷き、地下で秘かに信仰されてきた不受不施派も再興して新たなスタートを切る。

こうして、日蓮宗は新しい時代へと向かうことになったのである。

在家信者を核にした日蓮系新宗教団体

さらに幕末にはじまった在家《ざいけ》仏教も、教団の組織化とともに急速な伸展を見せていく。法華宗本門流の在家団体である仏立講《ぶつりゅうこう》は全国規模に発展した。

明治・大正期の日蓮宗は国家主義と結びつく傾向が強かったが、なかでも日蓮僧から還俗した田中智学《たなかちがく》は在家信者を集めて国柱会《こくちゅうかい》などをつくり、国家へのはたらきかけを標榜《ひょうぼう》した。本多日生《ほんだにっしょう》も天晴会《てんせいかい》や地明会《ちめいかい》を組織して、思想善導《しそうぜんどう》運動を展開している。

また大正から昭和にかけて、のちに日蓮系新宗教の中心となる霊友会《れいゆうかい》や、その分派の立正佼成会《りっしょうこうせいかい》、妙智会《みょうちかい》、仏所護念会《ぶつしょごねんかい》、さらには日蓮正宗系の信者団体として発足した創価教育学会《そうかきょういくがっかい》（のちの創価学会）などが興った。

これらの在家集団は第二次世界大戦後、農地改革で寺領を失った寺院教団が停滞していくのを横目に、急激に勢力を拡大し、新宗教団体として世間の注目を集めるようになった。

新宗教団体はキリスト教系、神道《しんとう》系など多岐にわたるが、仏教系新宗教のなかでは日蓮系の数が圧倒的に多い。

なぜ日蓮系の新宗教団体が数多く発展したのかというと、現世利益《げんせりやく》を重視している、教義がわかりやすく現実的、信者全員が信者であると同時に布教師として信者を獲得する、といった点にあるといわれている。

新宗教団体だけでなく、伝統的な寺院教団の再生にもめざましいものがある。統一信行《とういつしんぎょう》の徹底をはかったり、各教団が交流を深めて日蓮の伝統を顕彰《けんしょう》する活動を行なうなど、教団の立て直しと法華信仰の布教に全力をあげて取り組んでいる。

日蓮系のおもな新宗教団体

本門仏立宗	開祖は長松日扇。法華経の現世利益を強調し、他宗派の礼拝物の除去を実践。「題目を唱えれば病気が治る」など、わかりやすい教えが特徴的で、教歌や俳句、謡曲、長唄といった形式を用いて教えを説いた
霊友会	開祖は久保角太郎と小谷喜美。法華経の功徳と祖先崇拝を結合させた点に特徴があり、自分にもっとも近い祖先の霊を供養して因縁を断ち切れば自分自身はもちろん、家庭や国家の安泰も実現されると説く。日蓮系新宗教の多くは、この霊友会を母体として生まれている
立正佼成会	開祖は庭野日敬。霊友会を脱会後、天理教の信者だった長沼妙佼とともに教団を組織した。法華経をもとにした人格形成と世界平和の建設を二大目標としており、浄土宗系宗派や金光教、キリスト教などとも積極的に交流している
創価学会	開祖は牧口常三郎。日蓮正宗系の信者団体のひとつとして発足したが、日蓮正宗とはのちに教義の解釈のちがいが生じ、1991年に訣別するに至った。自宗を基盤にした平和仏国土の建設をめざしており、いまでは政治的にも影響力をもつ、日本最大の在家教団になっている

発展の理由

現世利益
信仰を深めていくことにより、現世で救われるという教えが民衆を強くひきつけた

教　義
難解でわかりにくい教書を用いず、誰でも理解できるような簡単な教えを説いた

布　教
僧のいない在家集団のため、信徒全員が布教師として信者獲得にあたった

日蓮宗略年表

西暦	元号	日蓮宗関連の出来事	社会的な出来事
一二二一	承久三		承久の乱が起こる
一二二二	貞応元	日蓮、安房小湊に生まれる	
一二二四	元仁一		親鸞、『教行信証』を著し、浄土真宗を開く
一二三三	天福一	日蓮、清澄山にのぼる	
一二三七	嘉禎三	日蓮、道善房について出家する	
一二三八	暦仁一	日蓮、鎌倉へ遊学に出る	
一二四二	仁治三	日蓮、『戒体即身成仏義』を述作	
		日蓮、比叡山へ遊学に出る	
一二五三	建長五	日蓮、清澄寺にて立教開宗を宣言する	
		日蓮、鎌倉に入る	
一二五四	建長六	日蓮、辻説法を開始	
一二六〇	文応一	日蓮、『立正安国論』を著し、幕府に上奏する	
		松葉ヶ谷法難が起こる	
一二六一	弘長一	伊豆法難が起こる	
一二六三	弘長三	日蓮、流罪赦免となり、鎌倉に戻る	
一二六四	文永一	小松原法難が起こる	
一二七一	文永八	龍の口法難が起こる	
		日蓮、佐渡に入る	
一二七二	文永九	日蓮、『開目抄』を述作	
一二七三	文永十	日蓮、『観心本尊抄』を述作	

一二七四	文永十一	日蓮、流罪赦免となり、鎌倉に戻る 日蓮、身延入山	蒙古襲来
一二七八	弘安一	日蓮、前年より発病、夏には「やせ病」に苦しむ	
一二八一	弘安四	日蓮、病気悪化	二度目の蒙古襲来
一二八二	弘安五	日蓮、湯治のため身延下山、十月池上宗仲邸で入滅	
一二八八	正応一	日興、大石寺を建て、初の門流（分派）が誕生	
一二九四	永仁二	日持、日本初の海外伝道者として旅に出る	
一三三三	元弘三	日像、京都で布教を開始	鎌倉幕府滅亡
一三三四	建武一	日像建立の妙顕寺が日蓮宗初の勅願寺に	
一四四〇	永享十二	日親、捕えられ、拷問にかけられる	
一四六七	応仁一		応仁の乱が起こる
一五三六	天文五	天文法華の乱が起こる	
一五六八	永享十一		織田信長、上洛
一五七三	天正一		室町幕府滅亡
一五七九	天正七	安土宗論が起こる	
一五九五	文禄四	不受不施派が発生	
一六〇三	慶長八		江戸幕府成立
一六三〇	寛永七	受派と不受派の身池対論が行なわれる	
一六六七	寛文七	不受不施派が禁制宗門となる	
一八六八	明治一		神仏分離令
一八七六	明治九	「日蓮宗」が正式に発足	

コラム 日蓮宗、法華経を信じた歴史上の人物

現在の日蓮宗の信者数は、全国で約357万人とされている。これは日蓮にはじまる熱心な布教活動の成果といえるだろうが、日蓮宗や法華経の信者には歴史上の有名人が少なくない。

戦国時代の武将では、加藤清正《かとうきよまさ》が熱心な日蓮宗の信者だった。母の影響を受けて法華経に目覚めた清正は、戦《いくさ》のさいにいつも「南無妙法蓮華経」の題目を唱えていたという。

江戸時代初期に活躍した芸術家、本阿弥光悦《ほんあみこうえつ》も法華信者である。彼と関係の深い狩野元信《かのうもとのぶ》、長谷川等伯《はせがわとうはく》、俵屋宗達《たわらやそうたつ》、尾形光琳《おがたこうりん》、尾形乾山《けんざん》といった京都の芸術家たちもみな法華信者で、近世の日本美術は法華経を媒介にした人間関係から生み出されたといっても過言ではない。

近代では、「雨ニモマケズ」で知られる詩人の宮沢《みやざわ》賢治《けんじ》が挙げられる。父が敬愛する島地大等《しまじだいとう》の編著『漢和対照妙法蓮華経』を読んで感銘した賢治は、やがて熱心な法華信者となり、法華信仰にもとづく祈りの生活を送った。

作品そのものに強い宗教色は見られないが、その背景に法華経への強い信仰心があったのは間違いない。

名作『五重塔』などを著した幸田露伴《こうだろはん》も法華信仰をもっていた作家で、日蓮については『日蓮上人』という伝記を残している。

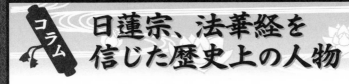

第五章

法華経とは何か

法華経の成り立ち

釈尊の真意を説く経典の成立過程

大乗仏教と上座部仏教のちがい

どんな宗教にも、教えが書き記《しる》された経典《きょうてん》が存在する。キリスト教における『聖書《せいしょ》』やイスラム教における『コーラン』などがそれに該当し、仏教には「八万四千の法門《ほうもん》」と呼ばれるほど膨大《ぼうだい》な数の仏教経典（仏典）がある。

仏典は、仏教の開祖である釈尊《しゃくそん》の説かれた教えを記録した「経蔵《きょうぞう》」、仏弟子として守るべき戒律《かいりつ》を記した「律蔵《りつぞう》」、経典を注釈した「論蔵《ろんぞう》」の三蔵《さんぞう》にわけられる。そのなかで、われわれが一般に「お経」と呼んでいるのは経蔵のことだ。

しかしながら、これらの仏典は釈尊が自分自身で直接書かれたわけではない。釈尊の弟子や後世の僧たちによって少しずつ書きまとめられてきた。

釈尊の入滅《にゅうめつ》後、教団の統一見解はしばらくのあいだ文字で記されなかったが、仏滅《ぶつめつ》から二百年ほど経つと、文字に書かれた原始仏典があらわれはじめ、紀元前後には釈尊の教えを継承し発展させた大乗《だいじょう》仏教の経典が成立した。

おもな仏教経典

三蔵（すべての仏典の総称）

経蔵	律蔵	論蔵
釈尊が説いた言葉をまとめた記録集。「如是我聞」という言葉ではじまる	僧や仏教教団の規則をまとめたもの。禁止事項が定められている	経蔵と律蔵に対して、注釈や解釈をほどこしたもの

上座部経典	経集	最古の原始仏典。初期の釈尊の教えが詩句形式でまとめられている
上座部経典	法句経	釈尊の基本的な教えが26章423句の詩句に簡潔にまとめられている
上座部経典	本生経	釈尊の前世譚を集めた仏教童話。輪廻転生の思想が見受けられる
上座部経典	涅槃経	釈尊が最後に残した教えを問答形式で説く。入滅の様子も描かれている
大乗経典	法華経	誰でも仏になれること、釈尊が永遠であることなどが説かれる。「諸経の王」
大乗経典	般若心経	空の境地に至るための実践法を説く。たった262文字の短い経典
大乗経典	華厳経	善財童子が修行を積んで悟りを得るまでの過程が詳細に描かれる
大乗経典	浄土三部経	阿弥陀仏の教えを説く無量寿経、観無量寿経、阿弥陀経の三経のこと
大乗経典	大日経	密教経典。即身成仏のための具体的な修行法などが説かれている
大乗経典	理趣経	性欲などの欲望や煩悩も、本来は清浄なものだと記されている

大乗とは、サンスクリット語のマハーヤーナの訳で、「大きな、優《すぐ》れた乗り物」という意味である。大乗仏教は釈尊の教えを広く大衆に広めて、すべての衆生《しゅじょう》（生きとし生けるもの、とくに人）を救うことをめざす。

これに対し、戒律を厳格に守り、出家《しゅっけ》して修行を積むことによってのみ悟《さと》りに到達できると説く教えを上座部《じょうざぶ》仏教という。

大乗仏教は、上座部仏教について一部の限られた人しか救えないと批判し、「小さな、劣った乗り物」にたとえて「小乗仏教《しょうじょう》」とも呼んだ。

上座部仏教がスリランカを経てタイ、ミャンマー（＝ビルマ）など東南アジア諸国に伝播《でんぱ》する一方、大乗仏教は中央アジアから中国、朝鮮半島を経て日本に伝わった。またネパールを経由してチベット、モンゴルへも伝えられた。そして千年以上にわたって大乗、上座部それぞれの教えにもとづいた、著しい数の多様な仏典がつくられ続けたのである。

法華経は「諸経の王」

大乗仏教の経典には大般若経《だいはんにゃきょう》、華厳経《けごんきょう》、大日経《だいにちきょう》、浄土三部経《じょうどさんぶきょう》などがあるが、日蓮宗《にちれんしゅう》の根本《こんぽん》経典である法華経《ほけきょう》も代表的な大乗経典のひとつだ。大乗の立場から小乗の救いを説いており、

法華経の伝播ルート

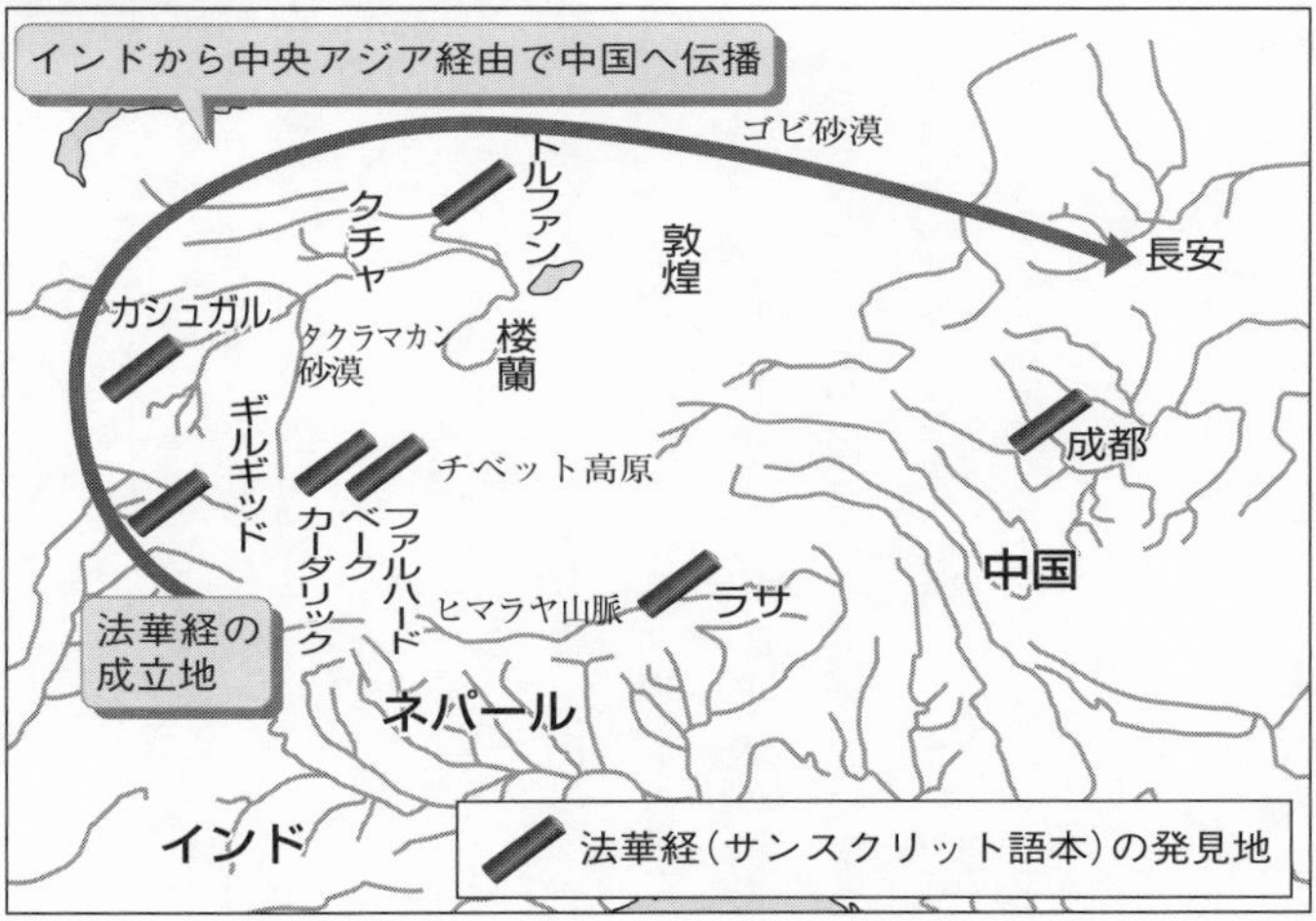

古今東西あらゆる人々に尊ばれてきたため、「諸経《しょきょう》の王《おう》」とも呼ばれる。

法華経の原型が成立したのは紀元前後頃の西北インド。そこから長い年月をかけて全体が整えられた。写本《しゃほん》はカシュガルを中心とした東トルキスタン（中国・新疆《しんきょう》ウイグル自治区）で数多く出土していることから、インドから中央アジアを経由して中国に伝えられたものと推測される。

中国への伝播において、もっとも大きな貢献をしたのは仏典翻訳家の鳩摩羅什《くまらじゅう》だ。現存する漢訳された法華経は三つあるが、四〇六年に彼が訳出した「妙法蓮華経《みょうほうれんげきょう》」が日本などに流《る》布《ふ》し、今日に至るまで生きた信仰の聖典となっている。

第五章
法華経とは何か

全体構成

全二十八章、二門六段にわかれる法華経の構成

❷仏教徒の心を象徴する白蓮華

法華経は古代インドで成立した経典なので、サンスクリット語の原典がある。原典名は「サッダルマ・プンダリーカ・スートラ」（Saddharma-pundarika-sutra）。サットは正しい、ダルマは仏の教え、プンダリーカは白い蓮《はす》の華《はな》、スートラは経を意味する。

蓮の華にはさらに深い意味がある。古来、インドでは汚れた泥水のなかから茎を伸ばし、汚れのない純白の花を咲かせる蓮の華が神聖視されていた。そのため、清らかな心を求める仏教徒にふさわしい華と見なされ、経典名に冠された。すなわち法華経という名前は、「白蓮華にたとえられる正しい教え（妙法《みょうほう》）を説く経典」を意味しているのである。

中国天台宗《てんだいしゅう》を開いた天台大師智顗《てんだいだいしちぎ》は、この法華経を「法華三部経《ほっけさんぶきょう》」のひとつと考えていた。

法華三部経とは、法華経に無量義経《むりょうぎきょう》と観普賢菩薩行法経《かんふげんぼさつぎょうほうきょう》（観普賢経《かんふげんきょう》）を加えたものをいう（「天台三部経《てんだいさんぶきょう》」ともいう）。智顗の伝記によると、無量義経（全一巻）が開経《かいきょう》、観普賢菩薩行法（全一巻）が結経《けっきょう》で、法華経（全八巻）が本教《ほんきょう》となる。

白蓮華

白い蓮の華は、汚れがなく清浄な仏教徒の心をあらわす

法華三部経

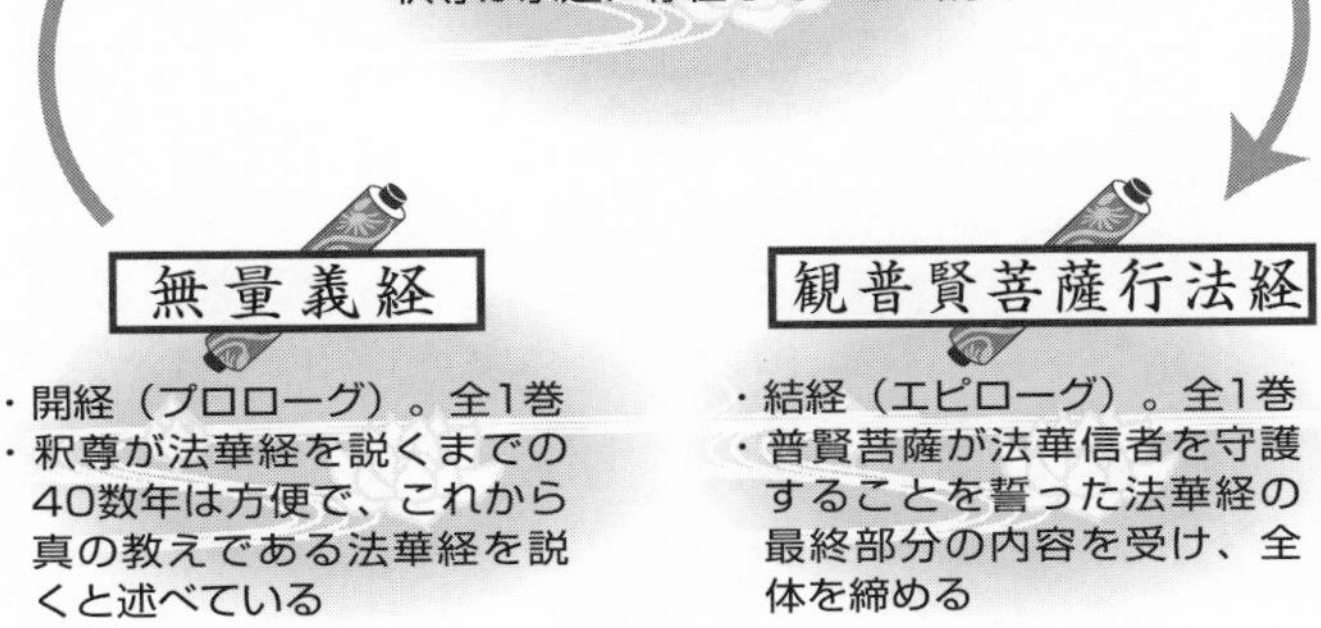
法華経
・三部経の本経。全8巻
・誰しも悟りを開くことができる、
釈尊は永遠に存在していると説く
・開経（プロローグ）。全1巻
40数年は方便で、これから

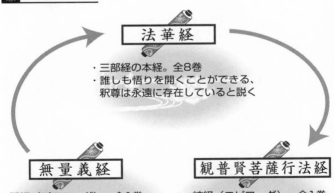

くと述べている

・結経（エピローグ）。全1巻

することを誓った法華経の
最終部分の内容を受け、全
体を締める

無量義経にある「四十余年《しじゅうよねん》、未顕真実《みけんしんじつ》」の句は、日蓮《にちれん》が唱《とな》えたことでよく知られる。「釈尊が四十年あまりの伝道生活で説かれた教えは方便《ほうべん》で、最後に説かれた法華経こそが唯一究極の教えだ」との主張である。一方、観普賢菩薩行法経では、法華経の最後で普賢菩薩が法華《ほっけ》信者を守護すると誓った内容を受けており、法華信者の懺悔《ざんげ》と滅罪《めつざい》について説かれていることから、三部経全体の結びとされている。

深遠な意味をもつ構成区分

次に、法華三部経の中心である法華経の構成を見ていく。

法華経は二十八品《ほん》（章）からなり、それが序品《じょほん》第一から安楽行品《あんらくぎょうほん》第十四までの前半「迹門《しゃくもん》」と、従地涌出品《じゅうぢゆじゅつぽん》第十五から普賢菩薩勧発品《ふげんぼさつかんぼっぽん》第二十八までの後半「本門《ほんもん》」に大きくわかれる。迹門は本門への導入部分で、法華経は究極の経典であるという内容が説かれている。本門は法華経の本論で、釈尊は永遠不滅であるという内容が説かれている。

さらに迹門と本門は三つにわかれる。

迹門は、序品第一を序論にあたる「序分《じょぶん》」、方便品《ほうべんぼん》第二から授学無学人記品《じゅがくむがくにんきほん》第九までを教義的な本論にあたる「正宗分《しょうしゅうぶん》」、法師品《ほっしほん》第十から安楽行品第十四までを本論を受けて実践を説

「二処三会」のわけ方

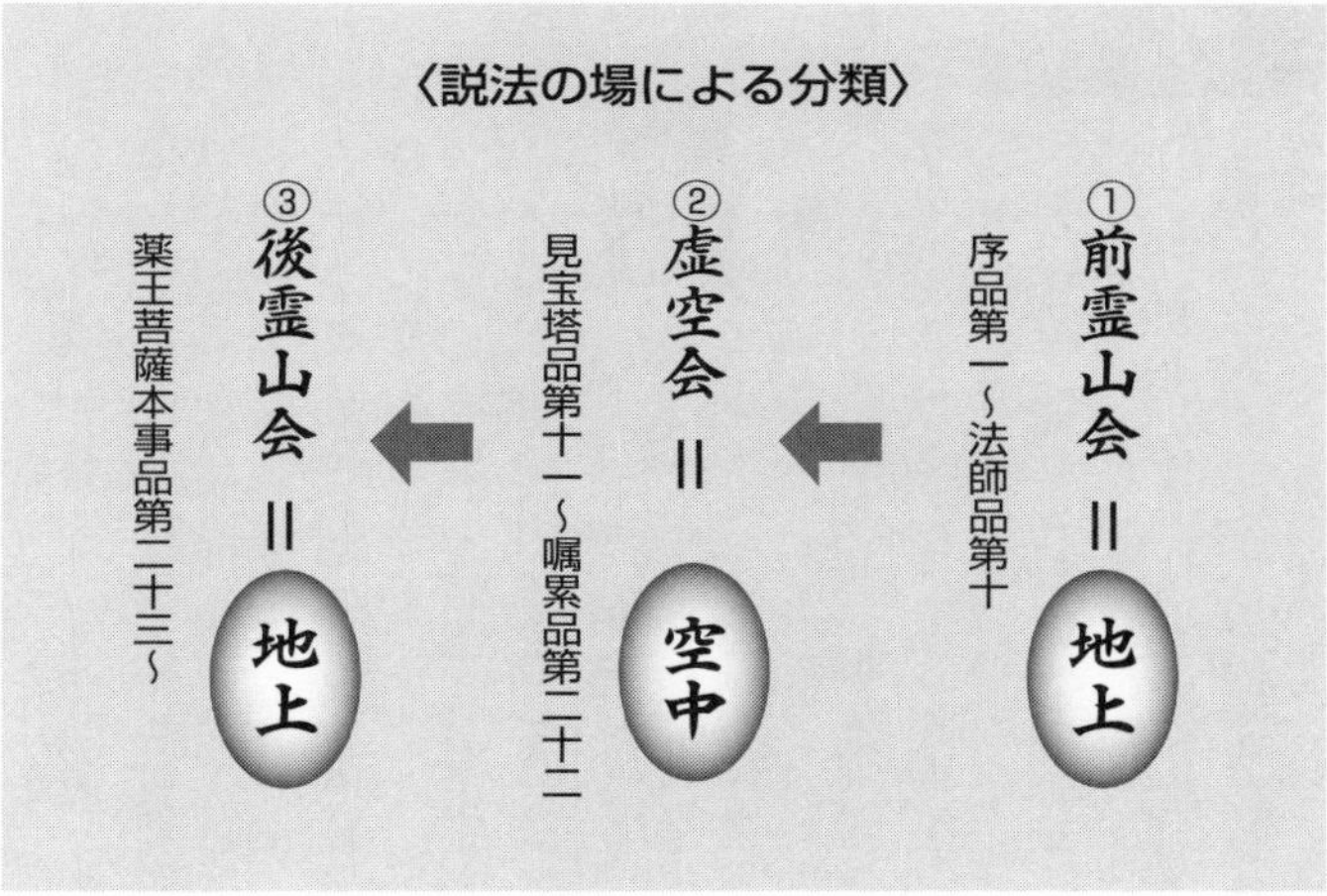

く「流通分《るづうぶん》」とする。一方、本門は従地涌出品第十五の前半を「序分」、その後半から分別《ふんべつ》功《く》徳品《どくほん》第十七の前半までを「正宗分」、残りを「流通分」とする。

　これが、「二門六段《にもんろくだん》」と呼ばれる法華経の構成区分だ。

　ほかに、説法の場所によってわける「二処三《にしょさん》会《え》」という区分もある。マガダ国の都・王舎《おうしゃ》城《じょう》（インド・ビハール州ラジギール）に近い霊鷲山《りょうじゅせん》で法華経が説かれる序品第一から法師品第十までは「前霊山会《ぜんりょうぜんえ》」と呼ばれる。

　見宝塔品《けんほうとうほん》第十一から嘱累品《ぞくるいほん》第二十二までは説法の場所が空中に移るため「虚空会《こくうえ》」、薬王《やくおう》菩《ぼ》薩《さつ》本《ほん》事《じ》品《ほん》第二十三からはふたたび霊鷲山に戻ってくるため「後霊山会《ごりょうぜんえ》」と呼ばれる。

二門六段

- **迹門**
  - 序分
    - 序品第一
  - 正宗分
    - 方便品第二
    - 譬喩品第三
    - 信解品第四
    - 薬草喩品第五
    - 授記品第六
    - 化城喩品第七
    - 五百弟子受記品第八
    - 授学無学人記品第九
  - 流通分
    - 法師品第十
    - 見宝塔品第十一
    - 提婆達多品第十二
    - 勧持品第十三
    - 安楽行品第十四

- 序分（序品第一）
- 正宗分（方便品第二～安楽行品第十四）

序　分	……序論にあたる部分
正宗分	……本論にあたる部分
流通分	……本論を受けて実跡を説く部分

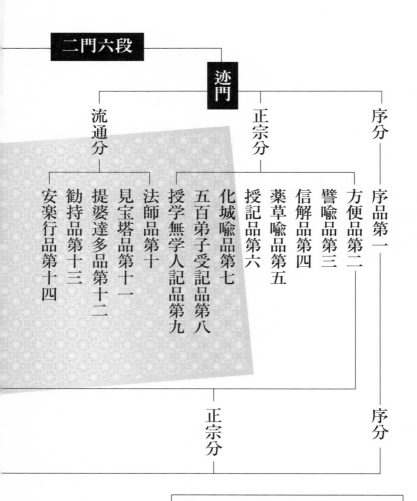

法華経の構成

本門

序分

従地涌出品第十五

正宗分

如来寿量品第十六
分別功徳品第十七

流通分

随喜功徳品第十八
法師功徳品第十九
常不軽菩薩品第二十
如来神力品第二十一
嘱累品第二十二
薬王菩薩本事品第二十三
妙音菩薩品第二十四
観世音菩薩普門品第二十五
陀羅尼品第二十六
妙荘厳王本事品第二十七
普賢菩薩勧発品第二十八

流通分

一経三段

※経典の多くは「一経三段」に分類されるが、法華経に関しては「二門六段」に分類するのが一般的になっている

三大思想

法華経が説くもっとも重要な三つの教え

❷ 一乗と三乗ではどちらが真実か

ここまでは法華経の成り立ちや全体構成などを紹介してきた。では、法華経はそもそも何を説いていて、何を根本にしているのか。

法華経がもっとも強調しているのは、人はみな釈尊の大慈悲《だいじひ》によって永遠に救済されるということだ。誰しもその身そのままの姿で仏になれる可能性（仏性《ぶっしょう》）をもっていると信じ、世のなかのすべて（諸法《しょほう》）を肯定することが大切で、自分は救えなくとも他人を救えと説いている。そして、この教えの根本には一乗妙法《いちじょうみょうほう》・久遠《くおん》の本仏《ほんぶつ》・菩薩行道《ぼさつぎょうどう》という法華経の三大思想がある。

まず一乗妙法は、法華経前半部の迹門で説かれている教えであり、すべての人々が平等に成仏《じょうぶつ》できると説く。

法華経以前の教えでは、釈尊によって三つの悟りが説かれてきた。つまり、仏弟子として仏の教えに従って悟る声聞乗《しょうもんじょう》、自分で縁起《えんぎ》の真理を悟る縁覚乗《えんがくじょう》、菩薩として実践的に悟る菩薩《ぼさつ》

一乗妙法

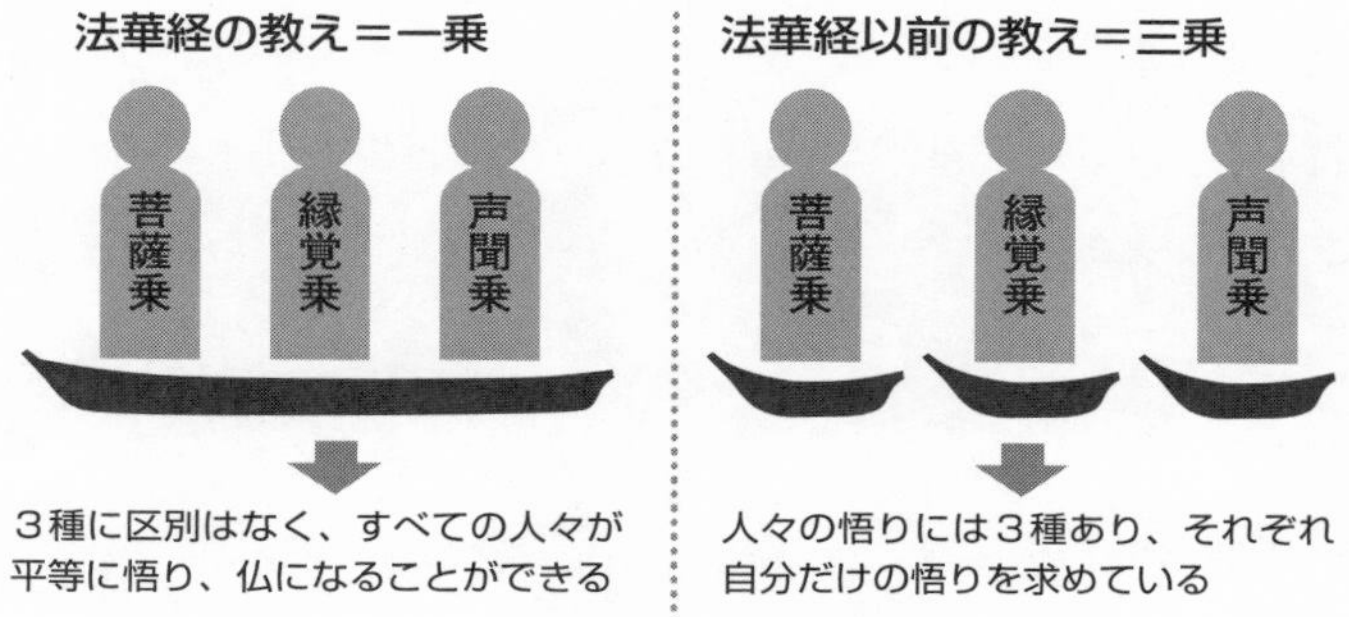
法華経の教え＝一乗
菩薩乗
縁覚乗
声聞乗
３種に区別はなく、すべての人々が
平等に悟り、仏になることができる
法華経以前の教え＝三乗
菩薩乗
縁覚乗
声聞乗
人々の悟りには３種あり、それぞれ
自分だけの悟りを求めている

釈尊は最初は三乗の教えから説いたが、それは方便。
三乗の区別など存在せず、一乗こそが真理である

乗《じょう》の三乗《さんじょう》だ。

声聞と縁覚は世俗《せぞく》を離れて自分だけの悟りを求める小乗の道。人は生まれ変わり死に変わりしながら長いあいだ修行を積み重ね、煩悩《ぼんのう》を断ち切ったときにはじめて解脱《げだつ》に至り、阿羅漢《あらかん》と呼ばれる修行者の最高位に達するという。

一方、他者の救済を求めて実践活動をするのが菩薩で、これは声聞や縁覚とは異なる大乗の道になる。

従来、この三乗は互いに相いれないものとされてきた。しかし、法華経は一乗の教えこそが真実という立場をとる。声聞や縁覚については人々を宗教的に成長させるための方便（仮の教え）でしかなく、三乗の区別はそもそも存在しないというのだ。

仏は永遠の真理である

次に久遠の本仏は、法華経後半部の本門で説かれている。歴史上の釈尊はインド・ブッダガヤーの菩提樹《ぼだいじゅ》の下で成道《じょうどう》し、八十歳のときクシナガラの沙羅双樹《さらそうじゅ》の下で入滅《にゅうめつ》された。しかし、この釈尊は人々を真の教えに導くための方便（仮の姿）で、真の仏ははるか遠い過去に菩薩道を行じて成仏して以来、さまざまな姿に身を変え、つねに娑婆《しゃば》世界（この世）にあって人々を教化《きょうけ》してきた。つまり、釈尊の命は永遠であり、信仰のある者はこの世で生きた釈尊を見ることができ、それは永遠の未来へと繰り返し続いていくというのだ。

仏を永遠の存在として捉《とら》えなおそうとする大乗仏教は、太陽のようにあまねく光り輝く毘盧《びる》舎那仏《しゃなぶつ》や、極楽浄土《ごくらくじょうど》で無量《むりょう》の寿命をもつ阿弥陀仏《あみだぶつ》などを生み出したが、法華経で説かれる久遠の本仏（釈尊）は、まさにこの世で永遠に生きる仏なのである。

最後に菩薩行道の菩薩とは、サンスクリット語で「仏の悟りを求める者」を意味するボーディサットヴァの略で、すでに成仏されているのにあえてこの世にとどまり、あらゆる人々を悟りに到達させせようとする仏のことだ。菩薩には布施《ふせ》・持戒《じかい》・忍辱《にんにく》・精進《しょうじん》・禅定《ぜんじょう》・智慧《ちえ》の六波《ろくは》羅蜜《らみつ》の修行が与えられているが、日蓮は法華経を広めることこそ唯一無上の菩薩行だと堅く信じ、修行に打ち込んだとされている。

久遠の本仏

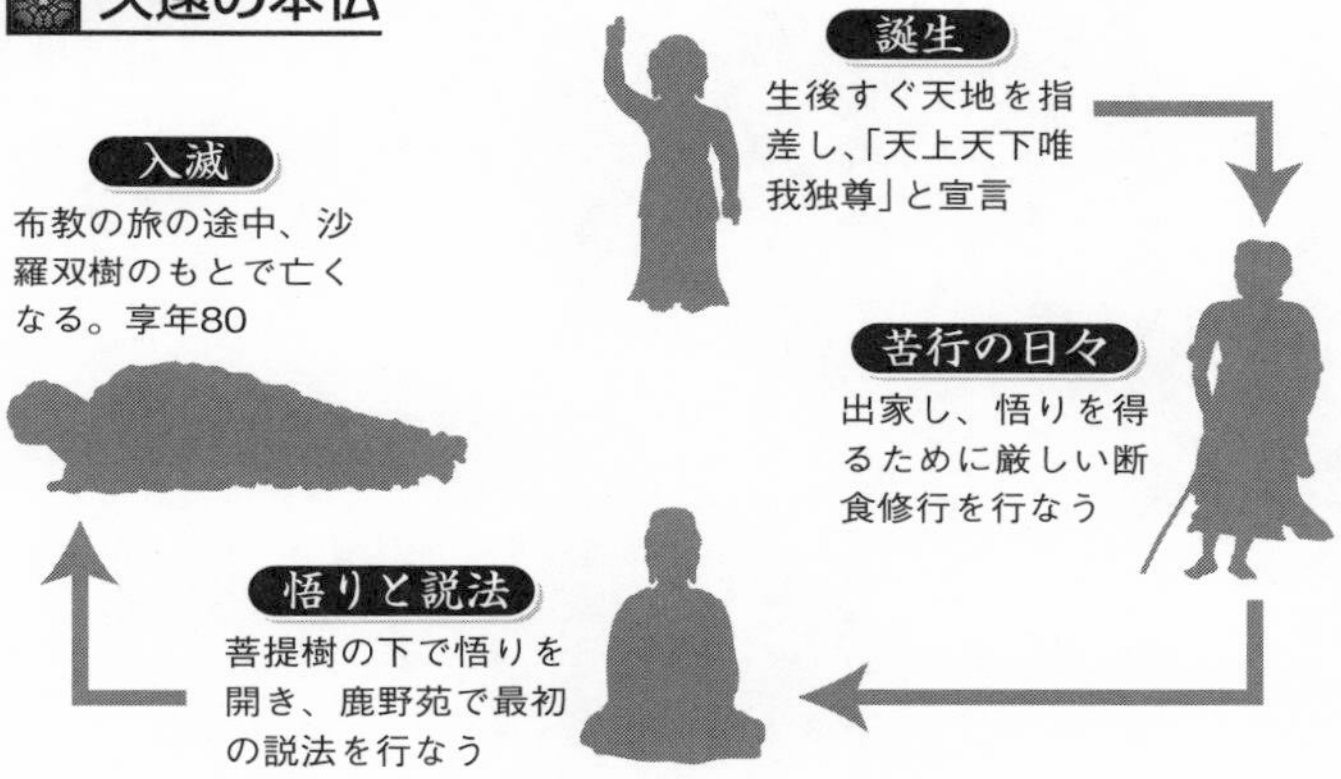
誕生
生後すぐ天地を指差し、「天上天下唯我独尊」と宣言
苦行の日々
出家し、悟りを得るために厳しい断食修行を行なう
悟りと説法
菩提樹の下で悟りを開き、鹿野苑で最初の説法を行なう
入滅
布教の旅の途中、沙羅双樹のもとで亡くなる。享年80

釈尊のこの世での一生は、生きとし生ける者を救うための方便。仏は久遠（永遠不滅）であり、時空を超えて人々を教化し続けている

菩薩行道

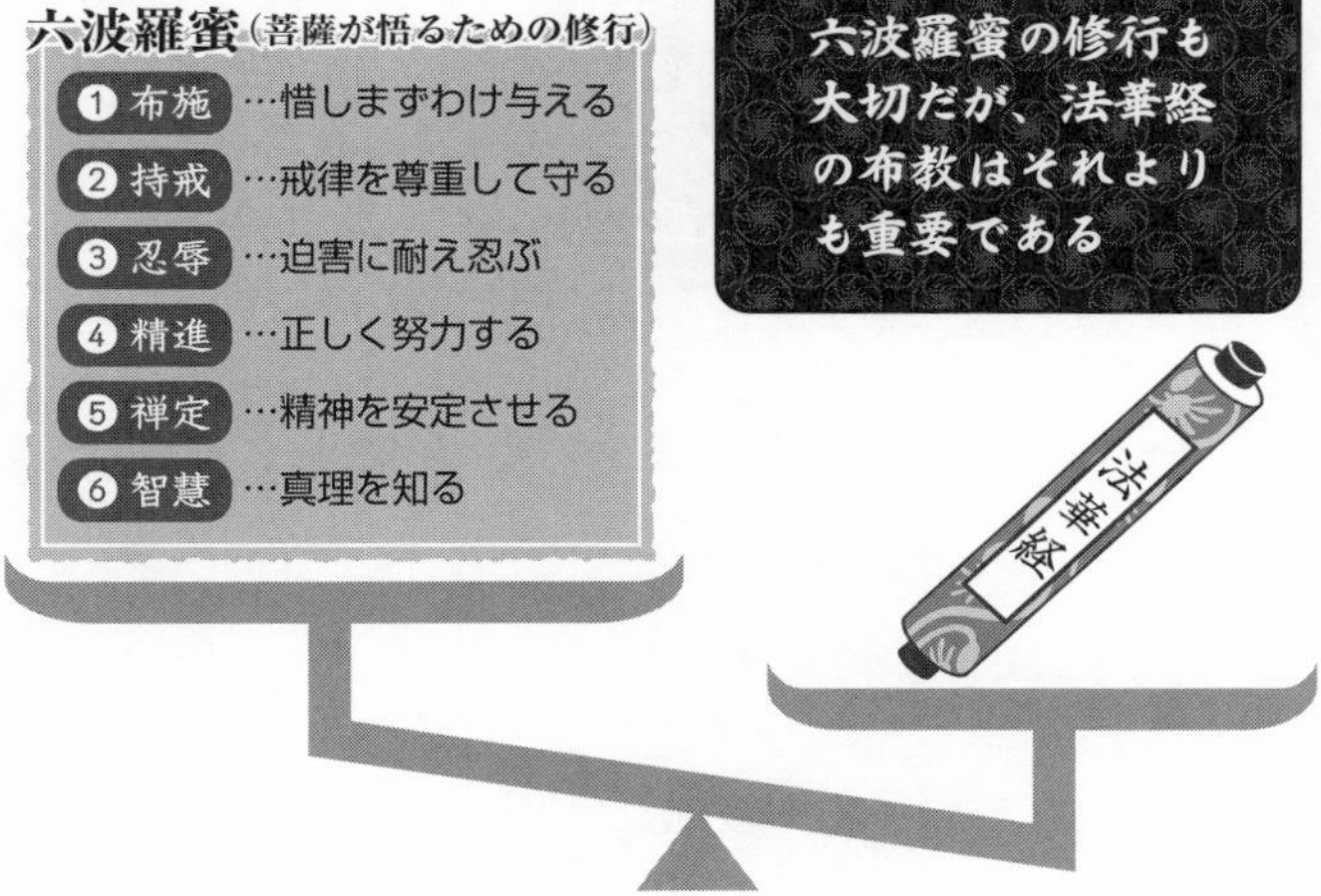
六波羅蜜（菩薩が悟るための修行）
① 布施 …惜しまずわけ与える
② 持戒 …戒律を尊重して守る
③ 忍辱 …迫害に耐え忍ぶ
④ 精進 …正しく努力する
⑤ 禅定 …精神を安定させる
⑥ 智慧 …真理を知る
六波羅蜜の修行も大切だが、法華経の布教はそれよりも重要である
法華経

法華七喩

難解な教えを平易に示す七つのたとえ話

法華経の特徴のひとつとして、譬喩《ひゆ》の多さが挙げられる。それぞれが文学作品といえるような、優れたたとえ話が多用されているのである。なかでも「法華七喩《ほっけしちゆ》」と呼ばれる七話がよく知られている。

三車火宅《さんしゃかたく》の喩《ゆ》——火事で家が火に包まれていることに気づかない子どもたちに対し、父である長者が「羊車《ようしゃ》と鹿車《ろくしゃ》と牛車《ごしゃ》が外にあるから出てきなさい」と告げる。すると子どもたちはみな外に出てきて助かり、大きくて立派な白い牛車をもらい受けた——燃えさかる火宅《かたく》はこの世を、長者は仏、子どもたちは衆生《しゅじょう》を、羊車・鹿車・牛車は声聞・縁覚・菩薩の三乗を、そして大きな白い牛車は法華経の一乗思想をそれぞれあらわしている。

長者窮子《ちょうじゃぐうじ》の喩——じつの親子と知らない息子に、父である長者が徐々に難しい仕事をおぼえさせ、最後に父であることを打ち明けて財産を相続させる——父は仏、息子は衆生のたとえで、衆生が財産（仏の智慧）により段階的に教化されていく様子を示している。

良医治子《ろういじし》の喩——毒を飲んで苦しむ子どもたちに、父である良医が薬を与えるが、子どもたちは薬を飲もうとしない。そこで父は、自身が他国で死んだと子どもたちに嘘の報《しら》せを送る。悲しみから本心を取り戻した子どもたちは、薬を飲み病《やまい》から回復する——父（仏）の死（方便）によって、子どもたち（衆生）が目覚めたことを示している。

これら三つの話は、どれも仏の衆生に対する慈悲《じひ》を父と子の情愛にたとえたものだ。

そのほか、雨（仏）は大地を平等に潤すが、植物（衆生）はその種類ごとに成長すると説く「三草二木《さんそうにもく》の喩」、過酷な旅のなかで指導者（仏）が従者に幻の城市（方便）を見せて励まし、旅を続けさせる「化城宝処《けじょうほうしょ》の喩」、酔いつぶれた親友の衣の裏に宝珠《ほうじゅ》を縫いつけ、再会したときに宝珠のことを打ちあける「衣裏繋珠《えりけいじゅ》の喩」、戦勝の功績をたくさん与える王でも、髻《もとどり》のなかの宝石（法華経）だけは与えなかったという「髻中明珠《けいちゅうみょうじゅ》の喩」が法華七喩に含まれる。

それぞれたとえの内容は異なるが、仏のおおいなる慈悲を説いている点は変わらない。

父と子のたとえの意味

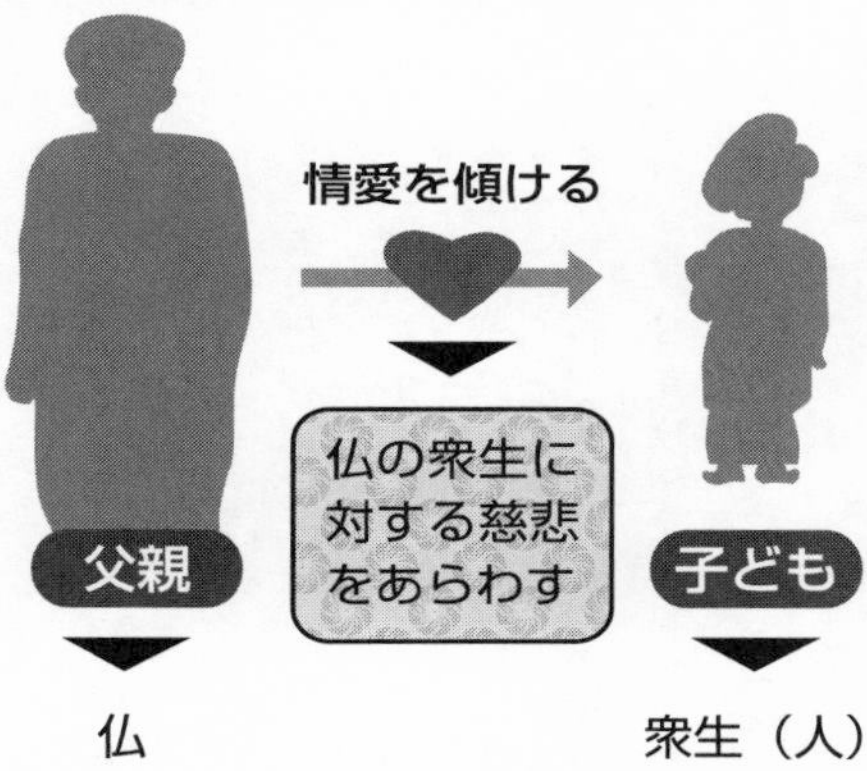

法華文学・美術

法華信仰を顕在化した至高の芸術品

仏教経典にまつわる文学や美術作品はいくつもあるが、法華経を題材にしたものはどの経典よりも多いといわれている。

日本の文学作品では、平安時代初期に編《あ》まれた仏教説話集『日本霊異記《にほんりょういき》』に法華経に関する説話が多数含まれており、法華信仰の功徳《くどく》や誹謗《ひぼう》の罰などが説かれている。

さらには、清少納言《せいしょうなごん》の『枕草子《まくらのそうし》』や紫式部《むらさきしきぶ》の『源氏物語《げんじものがたり》』など日本を代表する女流文学にも、法華経関連の記述が少なくない。法華経は平安時代の宮廷生活にも大きな影響を与えていたのだ。

また、平安中期から後期につくられた『拾遺和歌集《しゅういわかしゅう》』『後拾遺《ごしゅうい》和歌集』『千載《せんざい》和歌集』といった勅撰《ちょくせん》和歌集には法華経を詠《よ》んだ歌が多く見られ、平安末期に近い十二世紀前半に成立した『今昔物語集《こんじゃくものがたりしゅう》』にも、法華信仰にもとづいた説話がおさめられている。

一方、法華経の功徳を切実に求める平安貴族のあいだでは、経巻に華美な技巧を凝らした装飾経《そうしょくきょう》が流行した。

扇面法華経冊子

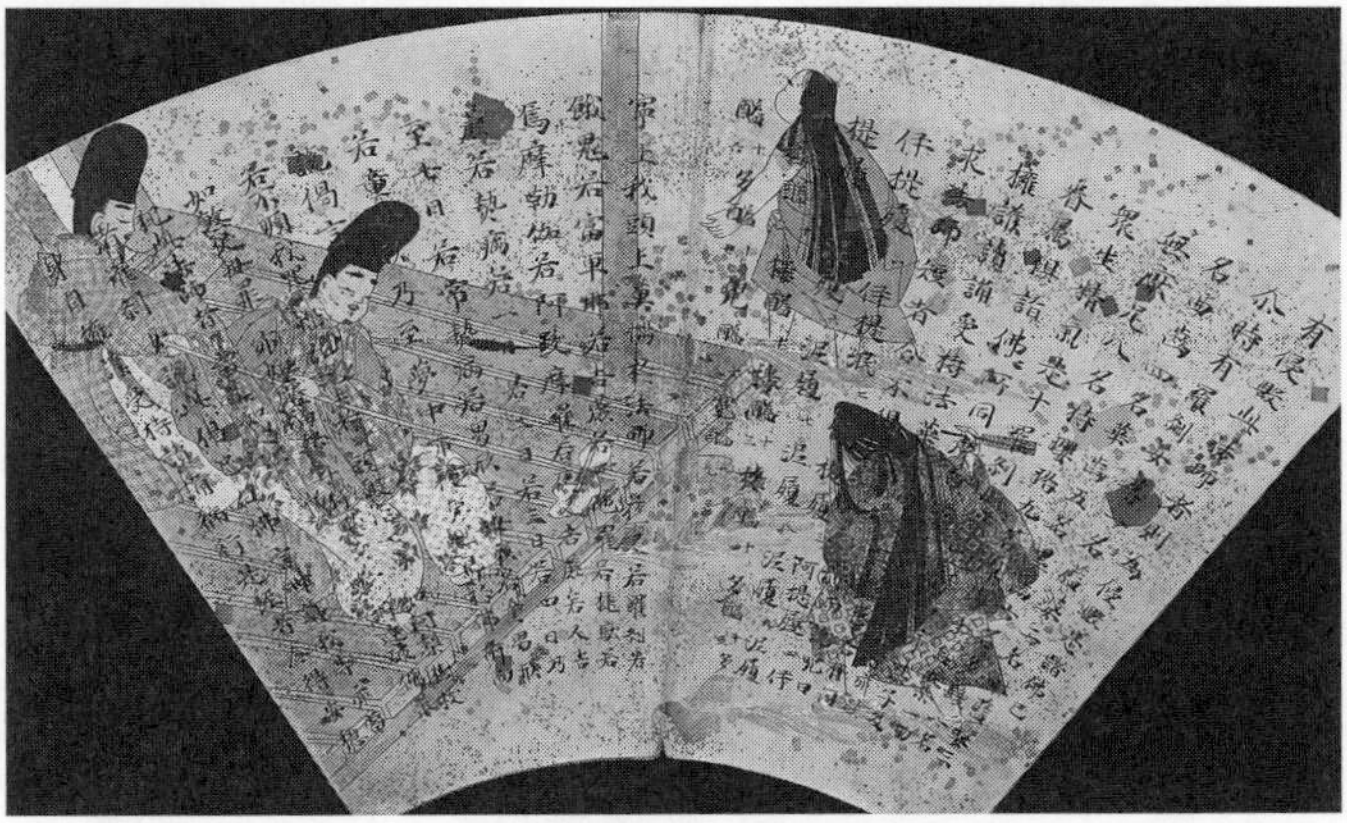

扇形の紙を冊子に仕立て、法華経８巻などを書写したもの。平安時代の人々の暮らしぶりを伝える資料としても貴重である。（東京国立博物館蔵）

とくに芸術性の高いものとしては、扇面《せんめん》の紙上に書写してあり開くと冊子《さっし》になる扇面法華《せんめんほけ》経冊子《きょうさっし》、平清盛《たいらのきよもり》ら平氏《へいし》一門の人々が書写し、一一六四（長寛《ちょうかん》二）年に厳島神社《いつくしまじんじゃ》に奉納《ほうのう》された平家納経《へいけのうきょう》などが挙げられる。

これらは法華経信仰と王朝人の美意識、そして当時の美術工芸の技術が結びついて生み出された法華経美術の至宝である。

絵画にも見るべきものが多い。古くは中国・敦煌石窟《とんこうせっくつ》の壁画が法華経八巻二十八品の内容を描いた絵画として知られている。

日本では富山県高岡市の大法寺《だいほうじ》、静岡県湖西市の本興寺《ほんこうじ》、京都市の立本寺《りゅうほんじ》、奈良県桜井市の談山神社《たんざんじんじゃ》などが所蔵する法華経の絵曼荼羅《えまんだら》が有名だ。

日本の法華経史

日本仏教における法華経の位置づけ

法華信仰の礎を築いた聖徳太子

日本に仏教が正式に伝来したのは欽明《きんめい》天皇の時代、五三八年（異説あり）のこととされているが、法華経が伝えられたのもそれと同じ頃と推測されている。

この「諸経《しょきょう》の王《おう》」とも称される経典を日本に最初に広めたのは聖徳太子《しょうとくたいし》だった。五九三（推古《すいこ》天皇元）年に、わが国最初の女帝である推古天皇の摂政《せっしょう》となった太子は、三宝興隆《さんぼうこうりゅう》の詔《みことのり》を発し、日本各地に寺院を建立した。また高句麗《こうくり》僧・慧慈《えじ》や百済《くだら》僧・慧聡《えそう》、観勒《かんろく》を師として迎え、仏教の理解を深めた。

そして太子は、仏教の教義をひととおり把握すると、六〇六（推古天皇十四）年に法華経の講義を行ない、法華経の注釈書である『法華義疏《ほっけぎしょ》』（『勝鬘経《しょうまんぎょう》義疏』『維摩経《ゆいまぎょう》義疏』とともに「三経《さんぎょう》義疏」のひとつに数えられる）を自ら著したと伝えられている。

太子は法華経を仏教の中心と見なし、一乗思想によって理想の国づくりを進めようとしたのだ。

飛鳥・奈良時代の法華経

①聖徳太子による紹介

太子は維摩経、勝鬘経とともに法華経の講義を行ない、注釈書『法華義疏』（「三経義疏」のひとつ）を執筆。法華経が日本に定着する基盤をつくった

②国分尼寺の設置

聖武天皇が国ごとに国分寺と国分尼寺（正式には法華滅罪之寺）の設置を命じ、国分尼寺に法華経各十部をおさめた

③法華会の開始

華厳宗の僧・良弁が金鐘寺で法華経の講読会を開いたのをきっかけに、毎年、東大寺法華堂において法華会が営まれるようになった

飛鳥時代から奈良時代になると、三宝《さんぼう》の奴《やっこ》（仏教の召使）を宣言した聖武《しょうむ》天皇が、諸国に国分寺《こくぶんじ》や国分尼寺《こくぶんにじ》を建立、都には東大寺《とうだいじ》を完成させた。国分尼寺は正式には「法華滅罪之寺《ほっけめつざいのてら》」といい、法華経各十部がおさめられた。当時の仏教は南都六宗《なんとろくしゅう》と呼ばれる六つの宗派にわかれていたが、法華経は宗派を問わず僧の必読経典になっていた。

また聖武天皇は伯母の元正上皇《げんしょうじょうこう》の追《つい》善《ぜん》供養《くよう》のために、法華経千部の写経を行なわせている。さらに勅命によって法華経を読誦《どくじゅ》して護国を祈る法華会《ほっけえ》も催され、東大寺や興福寺《こうふくじ》など各寺の法華会が恒例化していった。

最澄が夢見た法華一乗による仏国土

奈良時代から平安時代初期の法華信仰は、現世利益《げんせりやく》や呪術《じゅじゅつ》的傾向が強かった。それを改め、聖徳太子が抱いていたような一乗思想による仏国土をめざしたのが最澄《さいちょう》である。

最澄は十九歳のときに東大寺戒壇院《かいだんいん》で具足戒《ぐそくかい》を受け、十数年の思索と修行のなかで中国天台宗の開祖・天台大師《てんだいだいし》智顗《ちぎ》の著作に接する。

智顗は釈尊の説法を分類して教えの核心を考える五時八教《ごじはっきょう》の教相判釈《きょうそうはんじゃく》を行ない、法華経を最上位に置いた名僧である。入唐還学生《にっとうげんがくしょう》（宗教事情視察を兼ねた短期の留学生）に選ばれ、唐に渡った最澄は、この智顗が説いた天台教学を日本にもたらす。そして八〇六（延暦《えんりゃく》二十五）年に日本天台宗を開宗し、比叡山《ひえいざん》に一乗止観院《いちじょうしかんいん》を建立して法華一乗の根本道場とした。

最澄が開いた天台宗は円《えん》・戒《かい》・禅《ぜん》・密《みつ》が統合された四宗融合の教えである。「円」は円満完全な教え、つまり円教で、法華経のみが完全な教えを説くとする本来の天台の教理。「戒」は戒律で、独自の大乗戒をさす。「禅」は坐禅の行法。「密」は密教をさすが、同じ時期に入唐した空海《くうかい》の本格的な密教とくらべると、最澄のもたらした密教は不十分なものといわれ、天台密教の完成は円仁《えんにん》以降の弟子たちを待たねばならなかった。

晩年には法相宗《ほっそうしゅう》の僧・徳一《とくいつ》とのあいだで「三一権実《さんいちごんじつ》論争」と呼ばれる教理上の論争が起こ

五時八教の教相判釈

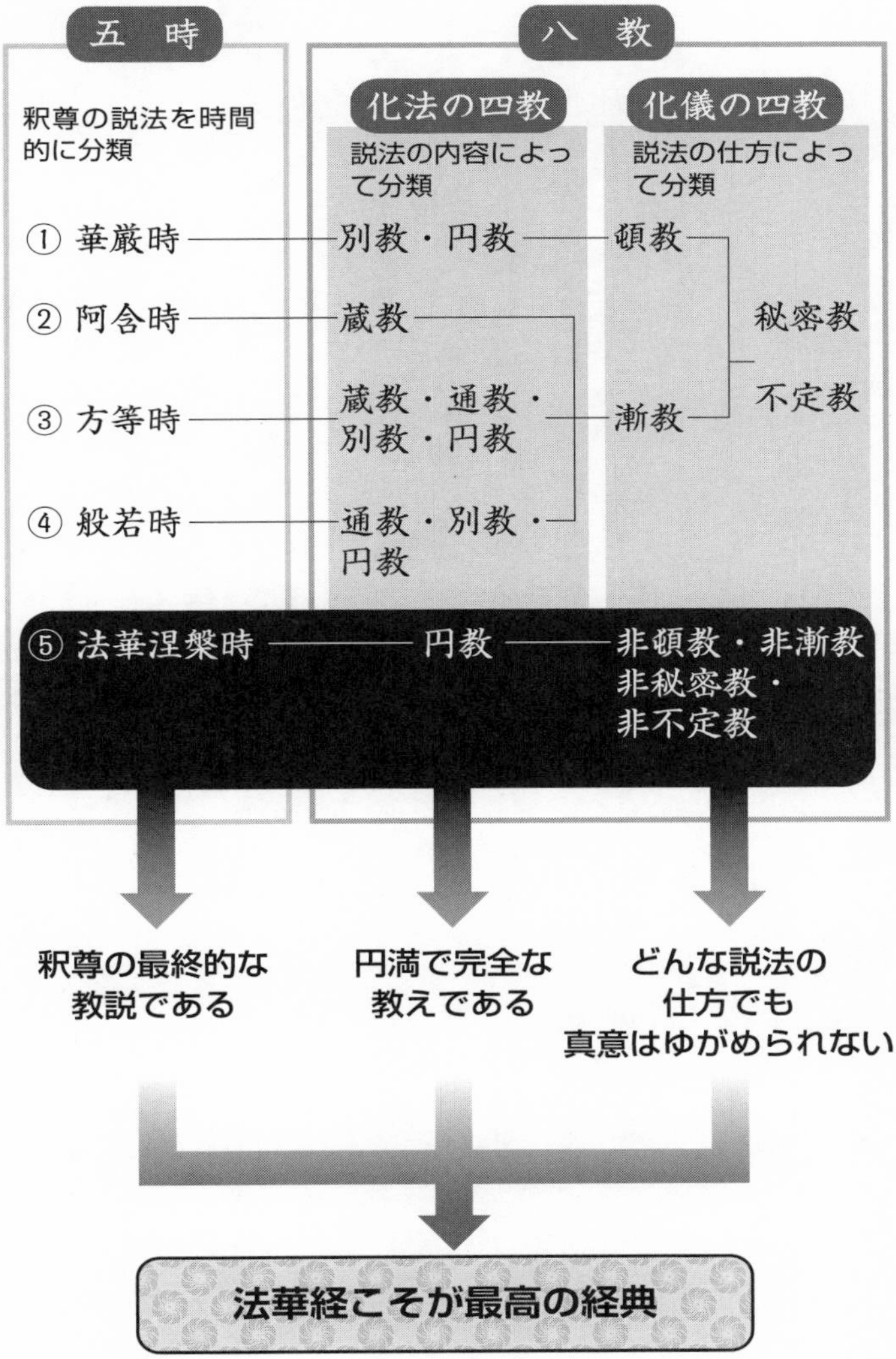
五時
釈尊の説法を時間的に分類
八教
化法の四教
説法の内容によって分類
化儀の四教
説法の仕方によって分類
① 華厳時
別教・円教
頓教
② 阿含時
蔵教
秘密教
③ 方等時
蔵教・通教・別教・円教
漸教
不定教
④ 般若時
通教・別教・円教
⑤ 法華涅槃時
円教
非頓教・非漸教
非秘密教・
非不定教
釈尊の最終的な教説である
円満で完全な教えである
どんな説法の仕方でも真意はゆがめられない
法華経こそが最高の経典

った。「三乗（声聞・縁覚・菩薩）のうち、成仏できるのは菩薩のみで、人には先天的な能力のちがいがある」と主張する徳一に対し、最澄は「三乗は方便（仮の教え）、一乗こそ真実であり、誰にも悟りを開いて仏となる素質（仏性）がある」と法華経の教えにもとづいた主張を展開した。この最澄の理想主義的、平等主義的立場は、のちに鎌倉新仏教の開祖たちを生み出す源泉になっていく。

日蓮独自の法華経の系譜とは

鎌倉時代には念仏《ねんぶつ》や禅の教えが隆盛を極めたが、「不立文字《ふりゅうもんじ》（教えを文字にはできないの意）」を標榜《ひょうぼう》する禅宗でも般若心経《はんにゃしんぎょう》とともに法華経が重んじられた。

日本臨済宗《にほんりんざいしゅう》の開祖・栄西《えいさい》は十三歳で比叡山にのぼり、そこで天台教学を学んだ。その後、入宋《にゅうそう》して臨済宗の教えを学び、日本臨済宗を開いた。そして著書『興禅護国論《こうぜんごこくろん》』では「禅は法華一乗の止観《しかん》を受け継いでいる。禅宗こそが天台宗の正統であり、その興隆が護国につながる」と主張している。

「修証一等《しゅうしょういっとう》（修行と悟りは一体であるの意）」という禅の境地を見出し、曹洞宗《そうとうしゅう》を開いた道元《どうげん》も、大著『正法眼蔵《しょうぼうげんぞう》』の各所で法華経について触れ、法華経に帰依《きえ》すべきことを説いている。

最澄の思想とその影響

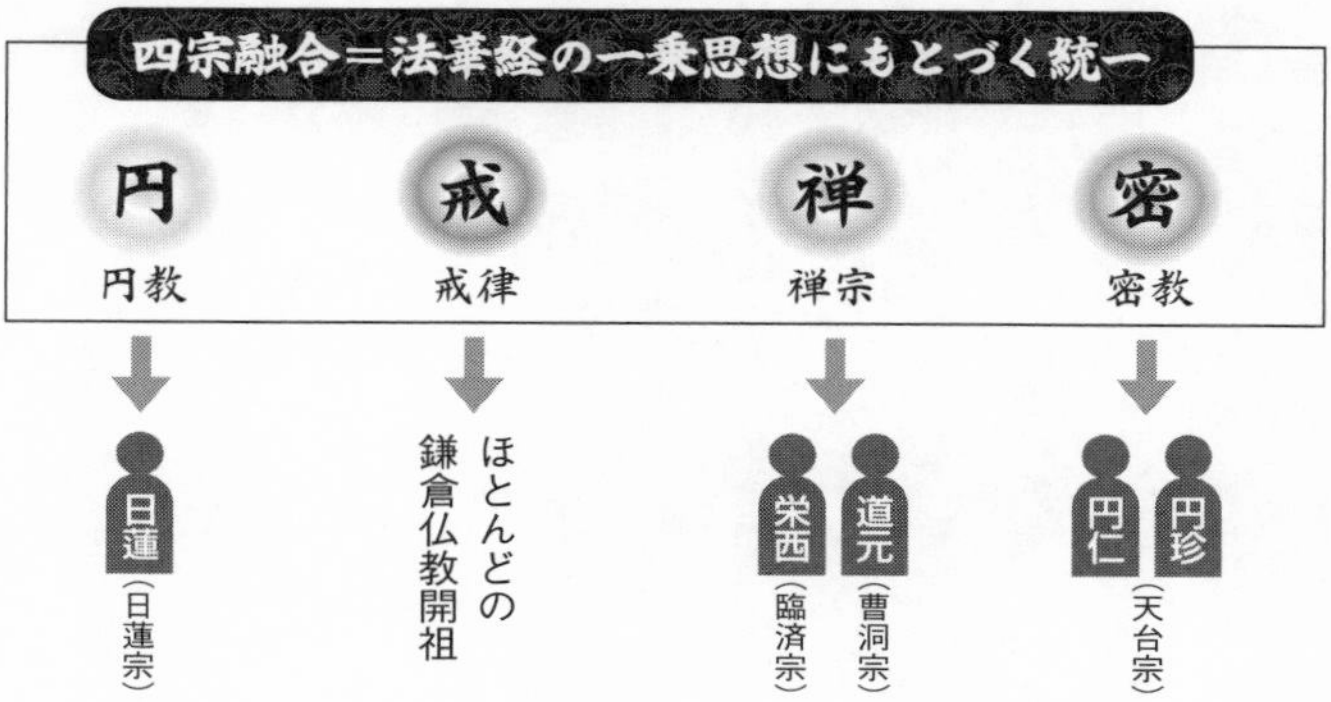

最澄は中国天台宗（円教）にさまざまな教義を取り入れ、日本独自の天台宗を開いた。しかし、最高の教えに位置づけたのは法華経であり、その教えは多くの鎌倉仏教の開祖たちに大きな影響を与えた

五十四歳での病没時には、「法華経のあるところが悟りの場」という一節を部屋の中央の柱に書きつけ、低声で唱えながら経行《きんひん》（坐禅を解いて歩くこと）したと伝えられるほどだ。

そして、万人救済の門は阿弥陀仏《あみだぶつ》の本願《ほんがん》にあると説く法然《ほうねん》らの念仏の教えを批判し、「法華一乗に戻れ」と声高に叫んだのが日蓮《にちれん》だった。日蓮の思想の基盤は天台の教えにあったが、末法の時代にあっては「法華経によってのみ衆生の成仏が約束される。そのためにはひたすら『南無妙法蓮華経《なむみょうほうれんげきょう》』の題目《だいもく》を唱えればよい」と主張した。

日蓮はまた、法華経の系譜について独自の見解をもつに至った。法華一乗の相承に関しては「釈尊―天台大師智顗―伝教大師《でんぎょうだいし》最澄―日蓮」

となる。しかし日蓮によれば、それは教学上の伝法（外相承《げそうじょう》）であり、信仰上の伝法（内《ない》相承）では「法華経で説かれる釈尊（釈迦牟尼仏《しゃかむにぶつ》）―法華経で説かれる上行菩薩《じょうぎょうぼさつ》―日蓮」になるという。つまり日蓮は、自分こそが法華経の、さらには釈尊の系譜を継ぐ者であると表明したのだ。

白隠禅師も題目を礼賛

日蓮以後、法華経は「日蓮系宗派の経典」との印象を万人に与えるほど、同宗との結びつきが強くなる。だが法華経は、天台宗や禅宗でもつねに重んじられ続けてきた。

江戸時代中期に出た、臨済宗中興の祖と仰がれる白隠慧鶴《はくいんえかく》は『白隠禅師法語《はくいんぜんじほうご》』のなかで「憂《う》きにつけつらきにつけ、悲しきにつけ嬉《うれ》しきにつけ、寝《いね》ても覚《さ》めても、起《た》っても居《い》ても、ひたすら『南無妙法蓮華経』の唱題《しょうだい》を繰り返す」ように勧めた。また、曹洞宗の大愚良寛《だいぐりょうかん》は詩集『法華讃《ほっけさん》』のなかで法華経二十八品を一〇二首の漢詩に詠んでいる。

江戸時代には庶民にまで法華信仰が受け入れられ、落語、浄瑠璃《じょうるり》、文学などの分野でも法華信仰に関する作品が生み出された。さらには題目講《だいもくこう》が結成され、近代以降の法華経系新興宗教の興隆へとつながっていった。

日蓮の考える法華経の系譜

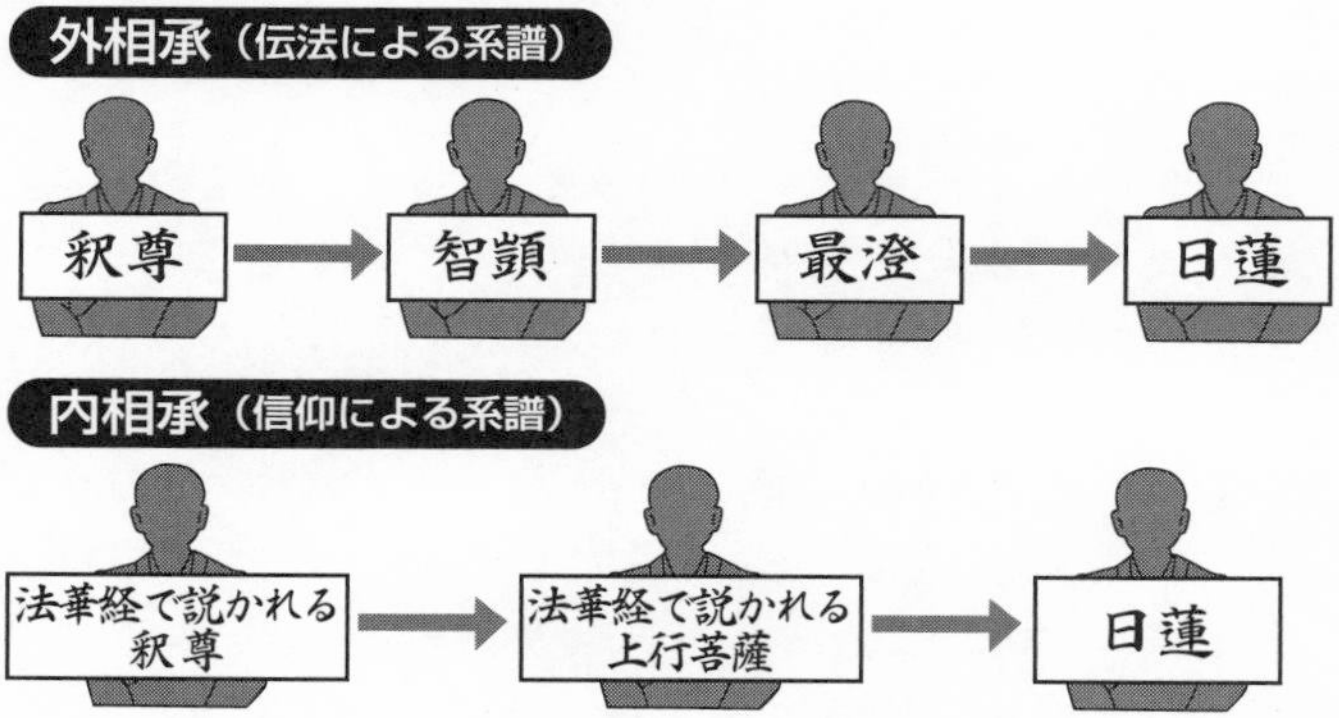

外相承は法華経に対する学問的・歴史的な流れを示すものだが、内相承は日蓮の主観的信仰にもとづくもので、日蓮は釈尊から人々の救済を託された者と自らを位置づけた

延暦寺

天台宗の総本山。788 年、最澄により創建された。法然、親鸞、栄西、道元、日蓮ら日本仏教の開祖を多く輩出している。

コラム

法華経の功徳とは

日頃、仏教徒は経典を唱える。平穏無事《へいおんぶじ》を仏に感謝したり、自分の精神を養ったりと、その目的はさまざまだが、功徳《くどく》を得るために唱えることも少なくない。

では、法華経の功徳にはどんなものがあるのか。法華経を篤《あつ》く信じて唱えたときの功徳については、平安時代に成立した『今昔物語集《こんじゃくものがたり》』や『日本霊異記《にほんりょういき》』などの仏教説話に多く取り上げられている。

ここでは『今昔物語集』のエピソードを紹介しよう。

――昔、釈尊が入滅したあとのインドで、若い僧がつねに法華経を読誦《どくじゅ》していた。その僧の房舎の天井には500匹もの鼠《ねずみ》が住んでおり、僧の読誦する法華経を毎日聞いていた。

そんなある日、60匹の狸《たぬき》がやって来て、すべての鼠を食い殺してしまう。しかし、鼠たちはみな人間界に転生《てんせい》、そのうえ悟りを得ることができ、弥勒《みろく》菩薩《ぼさつ》がこの世にあらわれるときに成仏することが約束された――

つまり、鼠たちは僧の読む法華経を毎日のように聞いていたおかげで、人間界に生まれ変わることができたのである。

法華経の功徳を得るうえで重要なのは「受持《じゅじ》し、読唱し（読）、暗唱し（誦）、説き広め（解説）、写経（書写）する」という5つの行ないである。この5つの行ないを実践すれば、ここに挙げたような法華経の功徳を得られるのだ。

第六章

日蓮の法華経観

日蓮の経典選択

八万四千の法門から法華経が選ばれた理由

先に述べたように、仏教には「八万四千の法門《ほうもん》」といわれるほど膨大な数の経典《きょうてん》がある。各宗派の開祖は、そのなかから教えの根本となる経典を選んで布教活動を行なってきた。

日蓮宗《にちれんしゅう》と天台宗《てんだいしゅう》は法華経《ほけきょう》を、密教《みっきょう》系宗派の真言宗《しんごんしゅう》は密教でもっとも重要な大日経《だいにちきょう》と金剛《こんごう》頂経《ちょうきょう》を、浄土宗《じょうどしゅう》・浄土真宗《じょうどしんしゅう》・時宗《じしゅう》などの浄土系宗派は浄土三部経（無量寿経《むりょうじゅきょう》・観無量寿《かんむりょうじゅ》経《きょう》・阿弥陀経《あみだきょう》）を、それぞれ根本経典としている。

臨済宗《りんざいしゅう》・曹洞宗《そうとうしゅう》などの禅《ぜん》系宗派は、釈尊《しゃくそん》の悟《さと》りを言葉で伝えることはできず、自分で直接体験する以外にないという立場をとるが、般若心経《はんにゃしんぎょう》と法華経は重んじている。

では、日蓮《にちれん》はどういった経緯で法華経を根本経典として選んだのか。

宗派によって異なる根本経典

まず日蓮は当時の状況を考えた。平安時代末期から鎌倉時代にかけて、混乱した社会情勢のなかで無常観《むじょうかん》や厭世観《えんせいかん》が広がり、末法《まっぽう》思想が流行していた。もはや正法《しょうぼう》・像法《ぞうほう》時代の経典では、人々を救済することができない――。そう考えた日蓮は天台大師《てんだいだいし》智顗《ちぎ》の「五時八教判《ごじはっきょうばん》」を継《けい》

各宗派の根本経典

宗派	根本経典	内容
法相宗	解深密経	すべての事象は心がつくりだすという唯識思想が説かれる
華厳宗	華厳経	あまねく世界を照らし出す毘盧舎那仏について説かれている
律宗	梵網経	大乗仏教の修行者に課せられた戒律について教えている
天台宗	法華経／大日経・金剛頂経	誰もが平等に成仏でき、仏の命は永遠であると説かれる／死後でなく、生きながら仏になれるという即身成仏を説く
真言宗	大日経・金剛頂経	死後でなく、生きながら仏になれるという即身成仏を説く
融通念仏宗	浄土三部経	「南無阿弥陀仏」の念仏を称えることの重要性を説き、極楽浄土の美しさを描写する
浄土宗	浄土三部経	「南無阿弥陀仏」の念仏を称えることの重要性を説き、極楽浄土の美しさを描写する
浄土真宗	浄土三部経	「南無阿弥陀仏」の念仏を称えることの重要性を説き、極楽浄土の美しさを描写する
時宗	浄土三部経	「南無阿弥陀仏」の念仏を称えることの重要性を説き、極楽浄土の美しさを描写する
臨済宗	法華経	誰もが平等に成仏でき、仏の命は永遠であると説かれる
曹洞宗	法華経／般若心経	誰もが平等に成仏でき、仏の命は永遠であると説かれる／空の境地に至るための実践法が説かれる
黄檗宗	般若心経	空の境地に至るための実践法が説かれる
日蓮宗	法華経	誰もが平等に成仏でき、仏の命は永遠であると説かれる

承《しょう》して、図のような「一代五時図《いちだいごじず》」を書きあらわした。
これにより日蓮は、法華経以外の経典はすべて方便《ほうべん》で、法華経こそが釈尊の真意を明らかにした経典であるとの確信に至ったのだ。

❷末法救済にふさわしい経典とは

次に日蓮が行なったのは、法華経と末法時代における衆生《しゅじょう》救済の関係を推《お》しはかることだった。

当時の日本仏教界では念仏《ねんぶつ》の教えが一世を風靡《ふうび》していたが、念仏の中心人物である法然《ほうねん》は「法華経はわれわれ一般大衆には理解できない」としてしりぞけてしまっていた。「釈尊の真意に従うことが仏教を信奉する目的」と考える日蓮にとって、教えを受ける側、迷いの世界にある一般大衆の側の判断で経典を選択することは正しいと思えなかった。そこで、法華経が末法時代の人々を救済するのに本当にふさわしい経典であることを、はっきりと見極めようとしたのである。

法華経を詳しく見てみると、「悪世末法時（正しい仏法が行なわれていない悪の時代）」という言葉が随所《ずいしょ》に書かれていることがわかった。また見宝塔品《けんほうとうほん》第十一、勧持品《かんじほん》第十三、安楽行品《あんらくぎょうほん》第

一代五時図

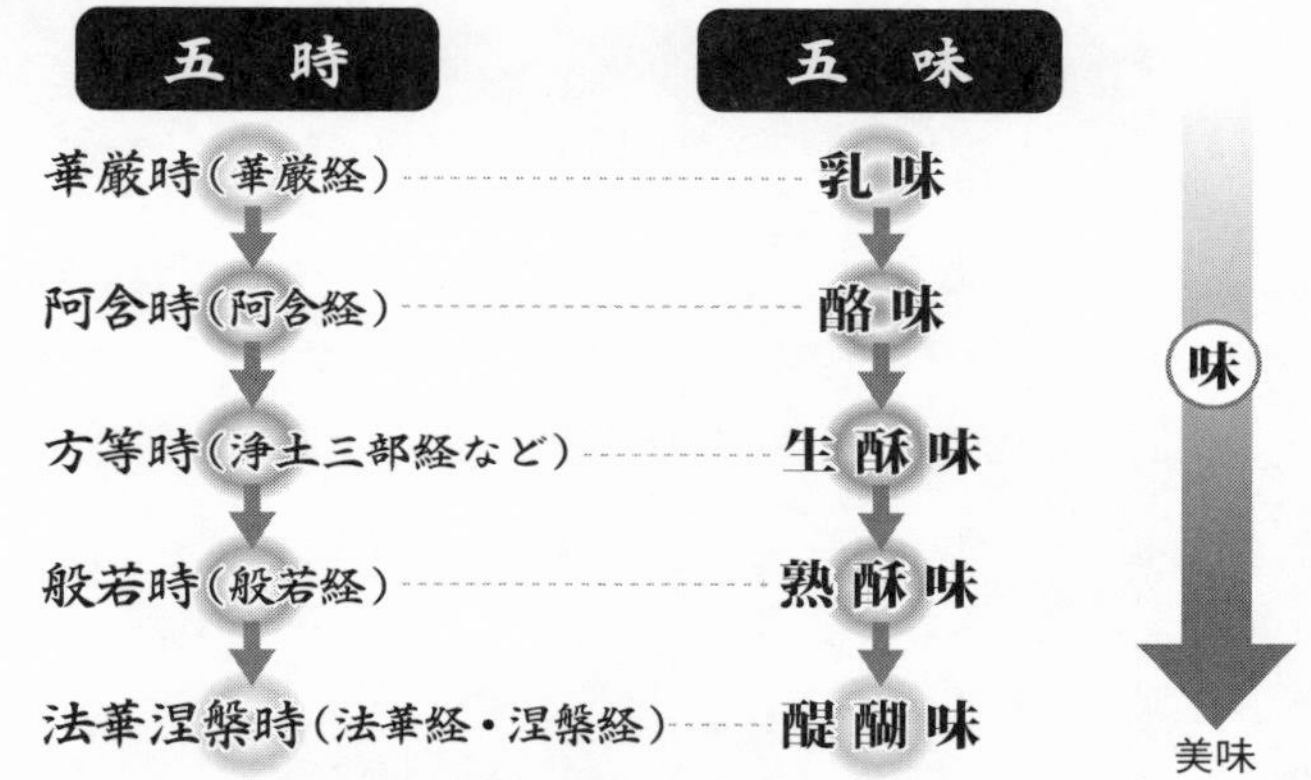

釈尊の教え（経典）の重要度は、牛乳（乳味）が徐々に熟成し、最終的に最上の味（醍醐味）の乳製品が得られる、という五味の段階にたとえられる

十四、分別功徳品《ふんべつくどくほん》第十七などからは「末法為法（この経典は末法時代に説かれるべき教えである）」という思想がうかがえた。

さらに見宝塔品第十一や勧持品第十三からは、日蓮が末法において法華経を広めることを釈尊から委嘱《いしょく》されており、末代に法華経を伝えようとする者にはさまざまな迫害や妨害が起こると書かれているように見てとれた。

日蓮は、ここで法華経に説かれるさまざまな受難や迫害を釈尊による「予言」と受け止め、その予言を実現することで法華経の真の救済を実現しようとの自覚に到達する。

こうして日蓮は、法華経をもっとも重要な経典として選び、人々の救済にあたることにしたのである。

② 日蓮の教えは本門にもとづく

第五章では、法華経が迹門《しゃくもん》と本門《ほんもん》に大きくわかれることを紹介した。これは天台大師智顗《てんだいだいしちぎ》の考えによるものだが、日蓮は智顗の法華経観を受け継ぎながらも、教義を打ち立てる段階で、迹門と本門に関して独自の解釈を示している。

では、日蓮は法華経の迹門と本門をどう位置づけたのか。それを説明する前に、まず迹門と本門がそれぞれ何を意味しているのか述べておく。

まず迹門の「迹」は、日本古来の神々を仏の仮の姿とする「本地垂迹《ほんじすいじゃく》」の迹と同じで、痕跡、形跡といった意味がある。したがって迹門は、釈尊が教えを進化させていく前段階として、仮に説いた教えということになる。

一方、本門の「本」には根本、本体といった意味がある。そこからわかるように、本門は迹門で説かれた教えが開かれ、仏教の教主である釈尊の真の姿（久遠《くおん》の昔にすでに仏として悟りを得ておられた久遠の本仏）や真の教えが明らかになる部分である。

日蓮はこれをふまえて、自分の教えは法華経の本門にもとづくものであり、釈尊の教えのもっとも正しい部分を伝えようとする立場に立っていると自覚し、独自の教義を打ち立てたのである。

また、久遠の本仏（釈尊）の教えに教化《きょうけ》された者を「本化《ほんげ》」と呼び、その菩薩（究極の修行者）を「本化の菩薩」と呼ぶが、日蓮はここから仏教修行者としてさらなる自覚を得た。つまり、法華経には「法華経の真の行者ならば、布教活動中にさまざまな法難《ほうなん》にあう」という予

『日蓮上人』

横山大観による絹本。清澄山に立って「南無妙法蓮華経」の題目を唱える日蓮の姿が描かれている。（東京国立博物館蔵）

言が書かれている。同じ法華経の行者である智顗や最澄は法難を受けていないが、日蓮は現実の迫害にあっていた。そのため、日蓮は自分こそが「本化の行者」なのだとさらに確信を強めたのである。

日蓮は上行菩薩の生まれ変わり

日蓮に自覚を促《うなが》した法華経の経文は、それだけではない。釈尊は法華経の従地涌出品《じゅうちゆじゅっぽん》第十五で地下から涌きあがってきた地涌《ぢゆ》の菩薩たちに対し、如来神力品《にょらいじんりきほん》第二十一などで仏滅《ぶつめつ》後の法華経布教を命じている。

日蓮は、この地涌の菩薩の代表者である上行菩薩《じょうぎょうぼさつ》の生まれ変わりであると自らを認識した。そして釈尊から法華経の布教を命じられているのだから、やらないわけにはいかないと自覚。これにより、日蓮はますます法華経への信仰を深め、社会布教へと邁進《まいしん》したのだ。

日蓮と法華経に関しては、以上の点を見逃すわけにはいかない。見逃した者は、日蓮とのちの日蓮宗をいたずらに闘争的性格、攻撃的な宗派と誤った認識をもつようになる。実際、日蓮宗同様、法華経を信奉する天台宗は、日蓮の法華経解釈と天台宗の伝統教義は別であり、「日蓮法華宗」と「天台法華宗」は区別される、とはっきり主張している。

日蓮にとっての迹門・本門

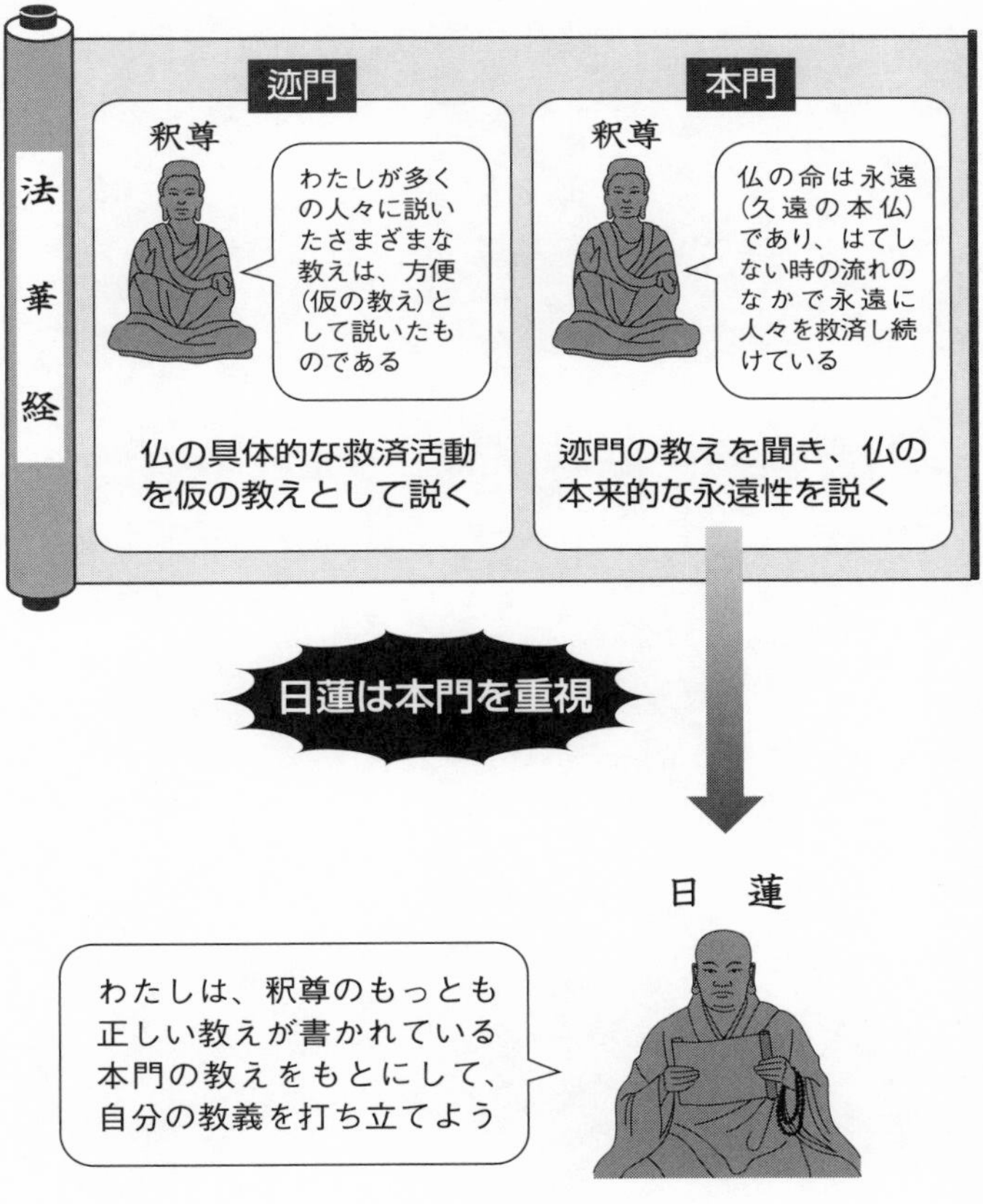
法華経
迹門
釈尊
わたしが多くの人々に説いたさまざまな教えは、方便（仮の教え）として説いたものである
仏の具体的な救済活動を仮の教えとして説く
本門
釈尊
仏の命は永遠（久遠の本仏）であり、はてしない時の流れのなかで永遠に人々を救済し続けている
迹門の教えを聞き、仏の本来的な永遠性を説く
日蓮は本門を重視
日　蓮
わたしは、釈尊のもっとも正しい教えが書かれている本門の教えをもとにして、自分の教義を打ち立てよう

日蓮の法華経信仰の原点は、迹門ではなく本門にある

一念三千の思想

なぜ「南無妙法蓮華経」の題目で成仏できるのか

釈尊・智顗・日蓮をつなぐ線

日蓮が理想としているのは、法華経の思想を現実のものにすることだ。そのために「南無《なむ》妙法蓮華経《みょうほうれんげきょう》」の題目《だいもく》を唱えることを人々に勧めたわけだが、そもそも題目の理論的根拠は一《いち》念三千説《ねんさんぜんせつ》にあるといわれている。

一念三千とは天台大師智顗が著書『摩訶止観《まかしかん》』において確立した理念で、われわれの一瞬の心（一念）に一切の宇宙社会の現象（三千世界）が具《そな》わっていることをいう。「十界《じっかい》×十界互《じっかいご》具《ぐ》×十如是《じゅうにょぜ》×三種世間《さんしゅせけん》」で三千世界になる。

十界とは地獄《じごく》・餓鬼《がき》・畜生《ちくしょう》・修羅《しゅら》・人間《にんげん》・天《てん》の六道《ろくどう》（一般大衆の迷いの世界）と、声聞《しょうもん》・縁覚《えんがく》・菩薩《ぼさつ》・仏《ほとけ》の四聖《ししょう》（悟りの世界）をあわせたもの。

智顗によれば、これら十界は孤立したものではなく、互いに具えあっている。すべての人の心のなかに、地獄から仏までひとつも欠けることなく具わっており、地獄のなかには餓鬼から仏に至るほかの九つの世界が具わっている。

一念三千の思想

十界互具：心のあり方と世間のあり方を10に分類

①地獄
②餓鬼
③畜生
④修羅
⑤人間
⑥天
→ 一般大衆の迷いの世界に属する

⑦声聞
⑧縁覚
⑨菩薩
⑩仏
→ 聖なる悟りの世界に属する

十如是：存在のありのままの姿を10に分類

①如是相（外面にあらわれた姿）
②如是性（内的な特性、本性）
③如是体（相・性を統一する本体）
④如是力（体が備えている能力）
⑤如是作（力があらわれる作用）
⑥如是因（果をもたらす原因）
⑦如是縁（因を補助する条件）
⑧如是果（因と縁から生じた結果）
⑨如是報（因果による後世の果報）
⑩如是本末究竟等（本体と現象が一貫して平等であること）

三種世間：移ろい行く世界を3つに分類

①衆生世間（地獄から仏まで衆生にちがいがあること）
②五陰世間（五蘊〈色・受・想・行・識〉によって存在が形成されること）
③国土世間（衆生のよりどころには、十界それぞれにちがいがあること）

十(界)×十(界互具)×十(如是)×三(種世間)＝三千世界

▼

三千世界（全宇宙）がわれわれの一瞬の思い（一念）に内在され、出現しているそれゆえ、十界互具というのだ。

十如是とは、存在の具体的なあらわれ方（諸法実相《しょほうじっそう》）の内容を相《そう》（外面的な姿）、性《しょう》（内面の特質）、体《たい》（形体や本体）、力《りき》（体が備えている能力）、作《さ》（力があらわれる作用）、因《いん》（直接的原因）、縁《えん》（間接的原因）、果《か》（直接的結果）、報《ほう》（間接的結果）の九つの視点から説明したもので、それが本末究竟等《ほんまつくきょうとう》（本体と現象が一貫して平等であること）によって十界となる。

十界は互具して百界になり、それぞれに十如是が具せられて千になる。

三種世間とは衆生世間《しゅじょうせけん》（社会）、国土世間《こくどせけん》（地理的国土）、そして五陰世間《ごおんせけん》のこと。五陰は五蘊《ごうん》ともいい、色《しき》（物質）、受《じゅ》（感受作用）、想《そう》（概念作用）、行《ぎょう》（心の働き）、識《しき》（認識作用）、すなわち人の心身を構成する五つの要素をさす。これら五つの要素あるいは作用によって存在一般が形成されることを五陰世間という。

この一念三千の法門が天台思想の奥義《おうぎ》とされ、日蓮へと受け継がれたのである。

題目は一念三千の要約

日蓮は、一念三千の法門こそ釈尊の悟りの究極だと考えた。そしてその法門は、法華経前半部の迹門にある方便品《ほうべんぽん》第二ではじめて説き明かされる。

しかし、日蓮にとって迹門の一念三千は不完全なものでしかなかった。迹門では、インドに生まれて悟りを開いた歴史上の釈尊が法を説くという形式をとっている。永遠の命をもった久遠の本仏（釈尊）が明かされる本門の如来寿量品《にょらいじゅりょうほん》第十六に至ってはじめて、真の一念三千の法門が完成し、万人の成仏が約束されると日蓮は考えたのだ。

智顗は一念三千の理論で法華経による成仏を立証した（理の一念三千）が、日蓮は末法に生きる一般大衆の救済を焦点に、智顗の理論をより実践的に深めていった（事の一念三千）。

こうして一念三千の理念は、教法としては五字の題目に要約して表現され、修行としては題目を受持して口に唱える唱題《しょうだい》の行《ぎょう》によって現実化した。法華経の信仰、教義、実践のすべてを題目によって統一したところに、日蓮の思想の特色がある。

一念三千の解釈

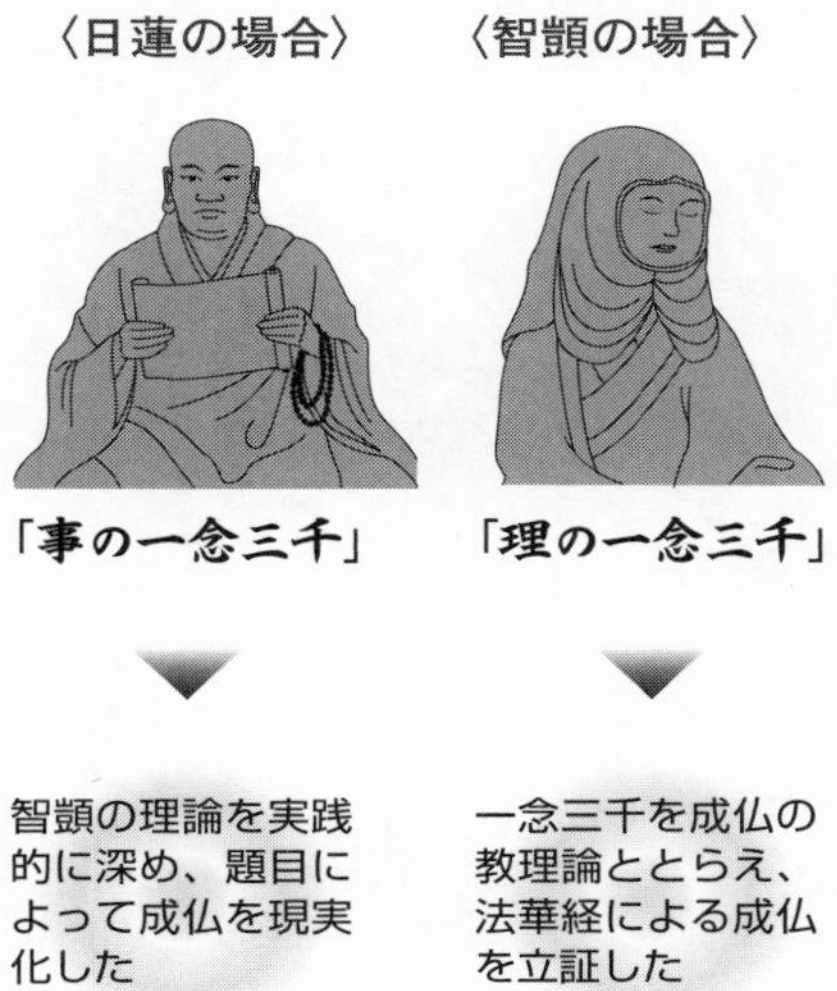
〈日蓮の場合〉
「事の一念三千」
智顗の理論を実践的に深め、題目によって成仏を現実化した
〈智顗の場合〉
「理の一念三千」
一念三千を成仏の教理論ととらえ、法華経による成仏を立証した

第六章

日蓮の法華経観

五義

法華信仰の必然性を明らかにする五つの基準

「念仏より題目」の根拠とは

日蓮によれば、成仏するには久遠の本仏（釈尊）を信じて「南無妙法蓮華経」の題目を唱えることが絶対的に必要になる。

平安時代末期から鎌倉時代にかけては、極楽浄土《ごくらくじょうど》の教主である阿弥陀仏《あみだぶつ》を信じて「南無阿《なむあ》弥陀仏《みだぶつ》」の念仏をすすめる教えが流行していた。だが日蓮は、念仏では救われず、法華経への帰依《きえ》（絶対の信心《しんじん》）が必要だと強く主張したのだ。

その法華経への絶対的な帰依の必然性を証明するため、日蓮が『教機時国鈔《きょうきじこくしょう》』のなかで示した教えの根本を五義《ごぎ》という。

五義とは教《きょう》・機《き》・時《じ》・国《こく》・序《じょ》の五つの基準のこと。日蓮は、仏教徒であればこれら五つをわきまえなければならないと説くのである。

まず「教」は、法華経がすべての経典のなかで最高の教えだと知ることである。天台大師智顗の五時八教判《ごじはっきょうはん》によれば、釈尊の教えは「華厳経《けごんきょう》→阿含経《あごんきょう》→浄土三部経・大日経など→般若経《はんにゃきょう》

日蓮の教えの要点

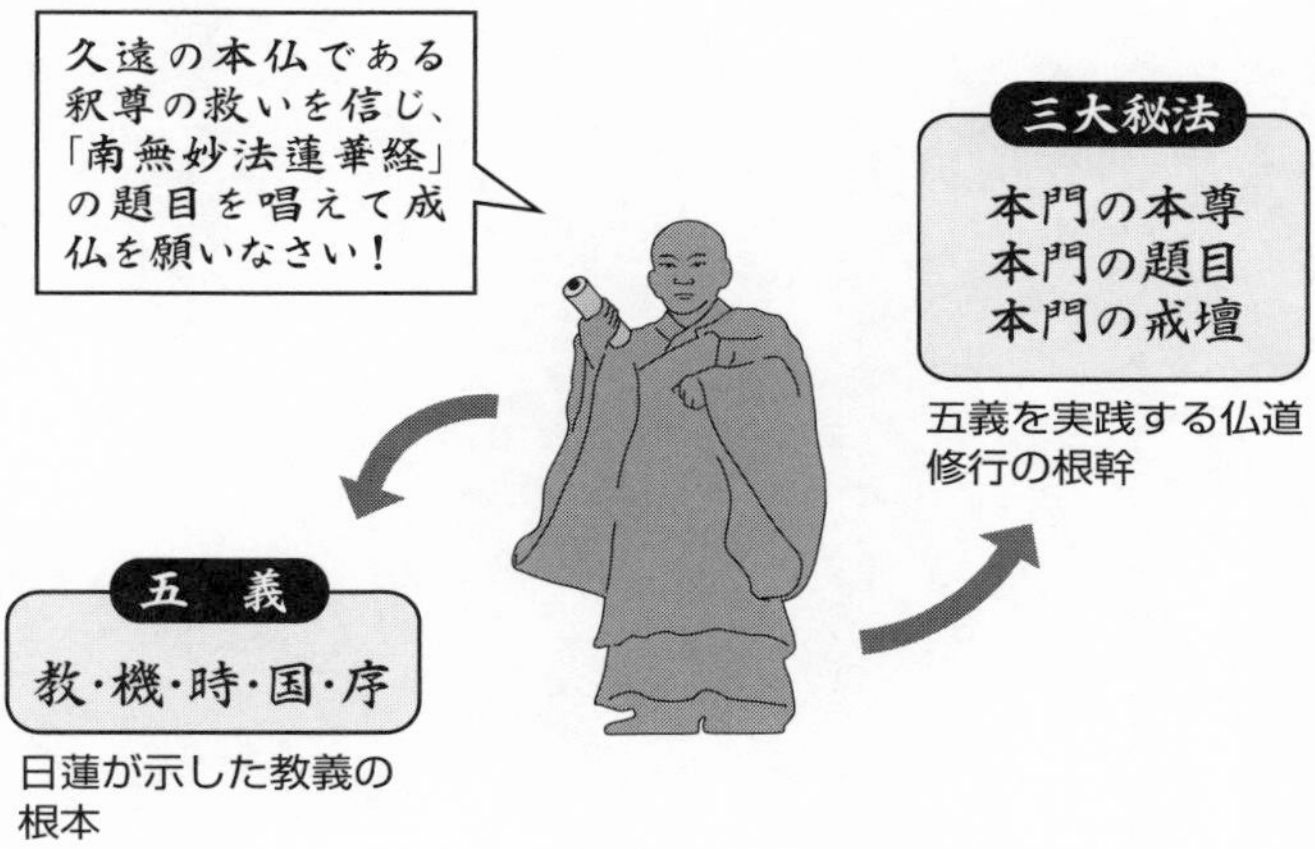
久遠の本仏である釈尊の救いを信じ、「南無妙法蓮華経」の題目を唱えて成仏を願いなさい！
三大秘法
本門の本尊
本門の題目
本門の戒壇
五義を実践する仏道修行の根幹
五義
教・機・時・国・序
日蓮が示した教義の根本

↓法華経・涅槃経《ねはんきょう》」という順番で説かれた。そのなかで、最後に説かれた法華経こそが釈尊の教えの神髄《しんずい》であり、末法においてもっとも優れた経典だというのである。

「機」は、教えを受ける人の機根《きこん》（能力）のことだ。末法時代にあっては、法華経を否定する念仏の教えなどを信じてしまう人がいるが、日蓮はそうした人々にこそ法華経が説かれなければならないと主張する。

「時」は、法華経の教えが広まるべき時期をさす。日蓮在世の時代の日本では正法千年、像法千年のあと、末法が一万年続くとする「三時《さんじ》説《せつ》」が広く流布《るふ》していた。『教機時国鈔』が書かれたのは、末法第一年とされる一〇五二（永《えい》承《しょう》七）年からすでに二百年あまり過ぎたときだったが、日蓮は末法でこそ法華経が力を発揮すると考えたのだ。

法華経と日本の深い縁

続いて「国」は、法華経の教えが広められるべき場所を意味する。末法時代の真の救済者を自負する日蓮にとって、この国という概念も大切なものだった。

古来、法華経は日本に縁が深いとされている。たしかに、日本に仏教を導入した聖徳太子《しょうとくたいし》が最初に講義した経典のひとつに法華経が含まれていたし、聖徳太子と天台大師智顗は同時代の人だった。日蓮も日本の国柄と法華経は合一していると見ており、日本から世界へと広まっていくべき教えだと主張した。

最後の「序」は順序のことだ。つまり、教・機・時・国を踏まえたうえで、それまでにどんな教えがあり、これからどんな教えを広めるべきかを知るということである。もともと仏教には、小乗《しょうじょう》から大乗《だいじょう》へ、権教《ごんきょう》（仮の教え）から真の教えへと、しだいに純化・深化する方向で教えを広めなければならないとの考え方があり、序もこれにもとづいている。

こうして五つの基準に照らしあわせた結果、日蓮はいまの日本に法華経が広まることが何よりも必要だと判断し、その事実を人々に知らしめたのである。

五義の意味

五義（日蓮が示した教義の根本）

教
数ある経典のなかで、法華経がもっとも優れた教えであると知ること

機
教えを受ける人々の能力のこと。つまり末法の時代に生きる人々

時
法華経の教えが広まるべき時期のこと。つまり末法のいまの世

国
法華経の教えが広まるべき場所のこと。つまり日本国

序
その国にそれまでどんな教えがあり、これからどんな教えが広まるべきかを知ること

日蓮
5つの基準をあてはめて考えてみると、末法時代の日本の人々を救うには、法華経を広める以外に方法はない！

三大秘法

衆生の救済を実現するための根本的な修行法

紙に書いた文字が本尊に

法華経に帰依することの必然性を明らかにするため、教えの根本である五義を示した日蓮は、死の前年に三大秘法《さんだいひほう》（三秘《さんぴ》）という修行の規範を完成させている。

三大秘法とは本門の本尊《ほんぞん》、本門の題目《だいもく》、本門の戒壇《かいだん》の三つで、末法における仏教徒の行動原理というべきものである。すべてに「本門の」という言葉が冠《かん》されているのは、日蓮が法華経後半部の本門を重視していたからといわれる。

まず「本門の本尊」は、久遠の本仏（釈尊）を信じて信仰を捧げることである。一般に「本尊」という言葉は信仰や礼拝《らいはい》の対象として尊崇される仏像などをさす。しかし日蓮は、法華経の如来寿量品《にょらいじゅりょうほん》第十六に説かれる、久遠の本仏による法華経の救いの世界を書きあらわした「大曼荼羅《だいまんだら》」を本門の本尊と呼んだ。

大曼荼羅のサイズは小さなものは半紙一枚から、大きなものは二十八枚を継ぎ合わせたものまでさまざまだが、日蓮はそのなかに「仏滅後二千二百二十余年未曾有《みぞう》の大曼荼羅なり」と自

日蓮の3つの根本的法門

三大秘法（五義を実践するための仏道修行）

本門の本尊

久遠の本仏（釈尊）を信じて篤い信仰をささげること

本門の題目

仏のすべての功徳を内包した「南無妙法蓮華経」の題目を唱え、念じること

本門の戒壇

法華経の本尊を拝し、題目を受持して久遠の本仏の救いを受ける根本道場のこと

ら讃文《さんぶん》をしたためている。つまり「釈尊の入滅後、末法の人々を救済するという釈尊の真意をあらわした本尊は、これまで一度もなかった」と述べているのだ。

日蓮真筆《しんぴつ》と見られる大曼荼羅は、没後約七百年を経た今日まで、百二十幅あまりが伝えられている。

題目を唱えれば救われる

次に「本門の題目」は、「南無妙法蓮華経」の題目を唱え、念じることである。妙法蓮華経は経典を讃《たた》えた名だから、「題目など単に経典の名前を唱えているだけなのではないか」と思う人もいるかもしれない。しかし、「南無《なむ》（帰《き》依《え》する）」という言葉をつけることによって、

「妙《たえ》なる（正しい、素晴らしい）法華経の教えを信じ、実行する」という意味になる。したがって題目を唱える唱題が、法華信者の大切な修行になるのである。

また本門の題目は、日蓮が自らをその生まれ変わりと信じた上行菩薩《じょうぎょうぼさつ》が、久遠の本仏から直接受け継いだ教えであり、そのなかに本仏の名《みょう》・体《たい》（実体）・宗《しゅう》（要旨）・用《ゆう》（はたらき）・教《きょう》（教え）の五重玄義《ごじゅうげんぎ》（五つの奥深い意義）がすべて具わっていると考えられている（五重玄具足の題目）。

最後に「本門の戒壇」である。一般に戒壇とは、仏教の修行者に修行の規律を授ける壇、戒《かい》律《りつ》を授受する儀式場をさす。

だが、日蓮の説く本門の戒壇は、日本の、そして世界の人々が法華経の本尊を拝し、題目を受持して久遠の本仏の救いを受ける根本道場を意味する。

すなわち仏と人々が本門の題目によって感応するそのとき・その場が法華経の理想が実現する根本道場になるのである。

この本門の戒壇をめぐっては明治時代以降、田中智学《たなかちがく》らが国立戒壇論を主張したり、日蓮《にちれん》正宗《しょうしゅう》が国立戒壇建立の運動を行なうなど、さまざまな問題が起きている。しかし日蓮信者の多くは、現実の社会こそが題目を唱える道場であると認識している。

大曼荼羅本尊

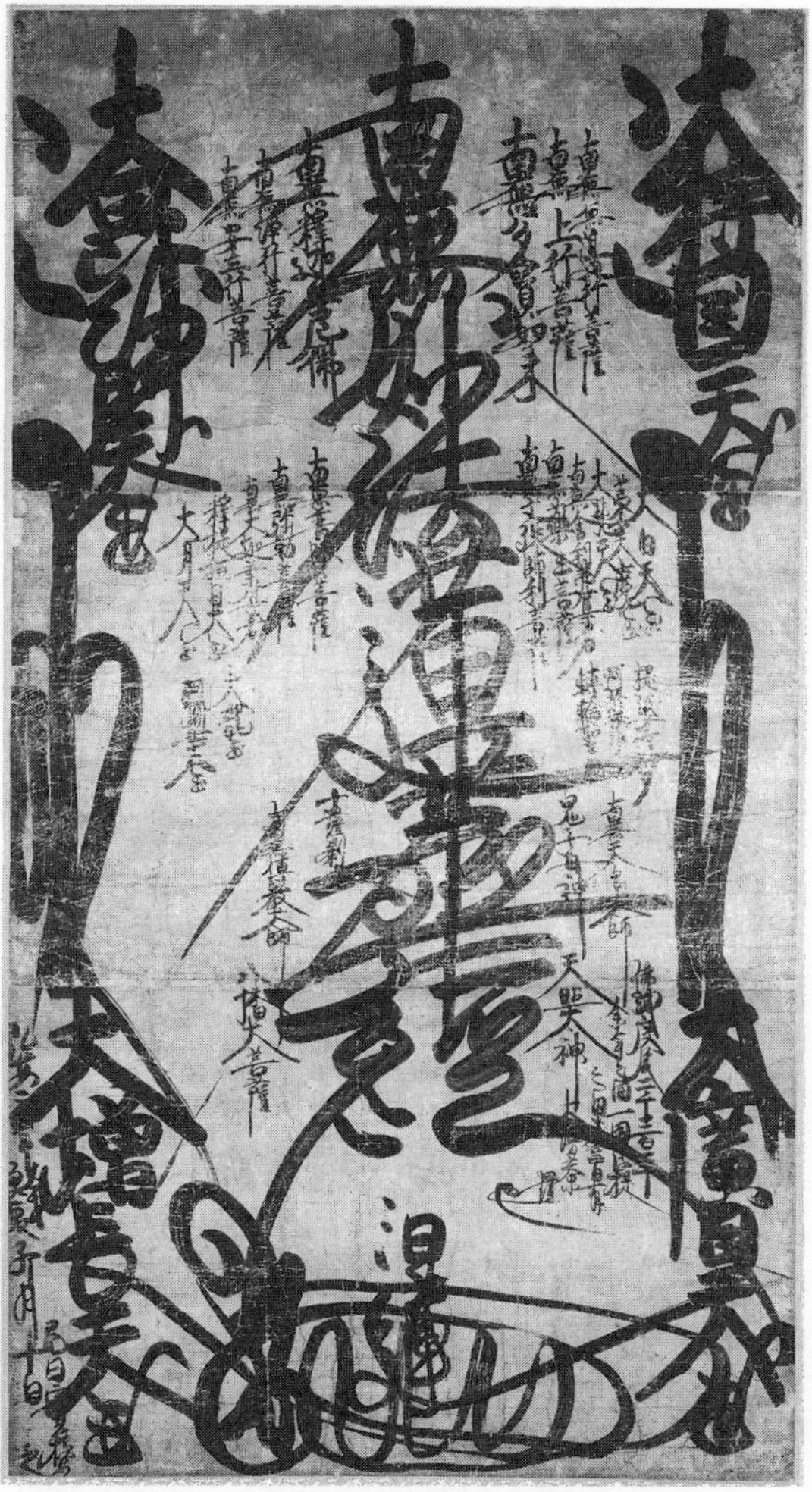

日蓮が入滅を迎えたとき、その枕元に掲げられたとされる
大曼荼羅本尊（妙本寺蔵、神奈川県立歴史博物館提供）

日蓮の著作
立正安国論
国を憂い法華経への回心を訴えた警告の書

日蓮が書いた本や手紙などを総称して「遺文《いぶん》」といい、これまでに四〇〇点以上が確認されている。そのなかで、もっとも有名で重要なもののひとつが一二六〇（文応《ぶんおう》元）年に書かれた『立正安国論《りっしょうあんこくろん》』である。

日蓮は本書で国家の救済を説く。執筆当時、日本では天変地異《てんぺんちい》や飢饉《ききん》、疫病《えきびょう》などが相つぎ、国土はひどく荒廃していた。そこで日蓮は、社会の安定をめざして本書に具体的な改善策を記し、鎌倉幕府の前執権《さきのしっけん》・北条時頼《ほうじょうときより》に提出したのである。

形式的には主人と客の問答として書かれているが、主人には日蓮自身が、客には北条時頼が投影されている。

主人（日蓮）がいろいろな経文を引用して「正しい教えが消え失せたときに必ず内乱が起こる」と予言すると、客（時頼）は「わが国では聖徳太子以来、仏教がさかんで正しい教えが絶えなかった」と反論する。

それに対して主人は「寺院や僧の数はたしかに増えており、信者も彼らを尊敬している。だ

日蓮のおもな著作

分類		書名	成立年	内容
五大部	三大部	立正安国論	1260	法華経による国家救済を語る警世の書。前執権・北条時頼に提出された
		開目抄	1272	末法の救済者としての内省と自覚を表明し、自らの立場を明らかにする
		観心本尊抄	1273	末法の認識に立ち、法華経の修行法について説いた日蓮の教義の基本書
		撰時抄	1275	法華経の流布と、末法導師出現の必然性を説いた一種の法華仏教史
		報恩抄	1276	日蓮の師・道善房の追悼文。法華経を広めることが真の報恩と説く

が、僧の内心は不純で人を惑わしている」と答える。日蓮は、当時の仏教界の堕落《だらく》ぶりを強く批判しているのだ。

さらに、批判の目は政治にも向けられ、「為《い》政者《せいしゃ》は無知で邪教《じゃきょう》をわきまえていない」と主張。「邪教」とは、「厭離穢土《おんりえど》（汚れたこの世を厭《きら》い離れよ）」とか「欣求浄土《ごんぐじょうど》（浄土を願い求めよ）」などと説いて、あの世に望みを託すことを教える法然の浄土宗をさす。

そして「広く民衆を救うには諸教、諸宗が正法である法華経によって統一されなければならない」と述べたうえで「このままではやがて三《さん》災七難《さいしちなん》が起こり、他国に攻め込まれて国が亡びる」と予言し、為政者の回心《えしん》と国家の抜本的改革の必要性を説いている。

日蓮の著作

開目抄

法華経の行者として決意を表明した書物

『開目抄《かいもくしょう》』は、日蓮の弟子や信者に対する「遺言《ゆいごん》」とでもいうべき書物である。日蓮は一二七一（文永《ぶんえい》八）年に鎌倉の片瀬龍《かたせたつ》の口《くち》で斬首《ざんしゅ》の危機を逃れたあと、佐渡《さど》への流罪《るざい》に処されたが、その翌年に過酷な環境のなかで本書を著した。

本書での日蓮は、度重なる法難《ほうなん》について熟考したうえで、それに対する疑問を呈し、「法難は法華経の予言によるものだ」と断定するに至る。

相つぐ法難の結果、信者たちは「法華経に多大な功徳《くどく》があるはずなのに、なぜ聖人は迫害を受け続けるのか」との疑念や不安を抱きはじめていた。日蓮は師としてそうした疑問に答えなければならず、本書を記したとされている。

冒頭は「人間の尊敬すべきものには主や師、親があり、釈尊こそがその三つの徳を具えた本尊と仰ぐべき仏である。学ぶべきものには儒教《じゅきょう》や外道《げどう》（仏教以外の宗教や哲学）、仏教がある。なかでも仏教、とりわけ約四十年にわたる伝法のあとに説かれた法華経こそが至高の真理である」という内容の書き出しではじまり、法華経の偉大さが示される。

『開目抄』執筆前後の日蓮の法華経観

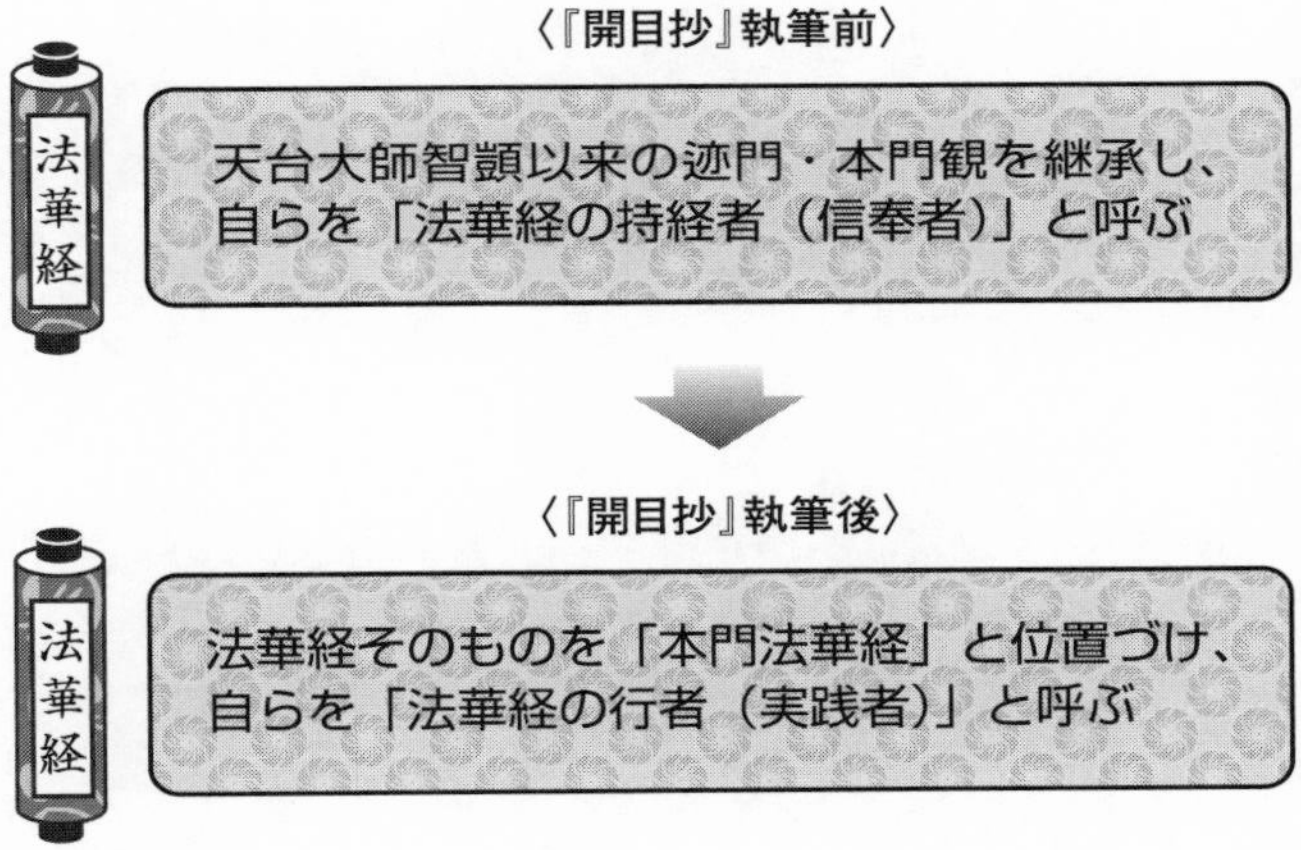
〈『開目抄』執筆前〉
法華経
天台大師智顗以来の迹門・本門観を継承し、
自らを「法華経の持経者（信奉者）」と呼ぶ
〈『開目抄』執筆後〉
法華経
法華経そのものを「本門法華経」と位置づけ、
自らを「法華経の行者（実践者）」と呼ぶ

日蓮が自身の立場について言及していることも注目すべき点だ。それまでは自身を「法華経の持経者《じきょうしゃ》（信奉者）」と呼んでいたが、本書を記してからは「法華経の行者《ぎょうじゃ》（実践者）」と呼ぶようになる。

これは、改めて自分を法華経の実践者と位置づけることで、信者たちの結束力を高めようとしたものと推測されている。

そして本書の最後では、自分が末法の真の救済者であるという自信を背景に、「我日本の柱とならむ、我日本の眼目とならむ、我日本の大船とならむ」という有名な「三大誓願《さんだいせいがん》」を示して終わる。

本書の真跡本《しんせきぼん》は久遠寺に長く保管されていたが、明治期の大火で焼失している。

日蓮の著作
観心本尊抄
日蓮独自の教義を示す宗門の最高経典

『開目抄』が完成した翌一二七三（文永十）年、同じく配流地の佐渡で著されたのが『観心本《かんじんほん》尊抄《ぞんしょう》』である。

正式名は『如来滅後五五百歳始観心本尊抄《にょらいめつごごごひゃくさいしかんじんほんぞんしょう》』という。これは「釈尊の入滅後、二千年を経て第五番目の五百年に入った末法のいま、はじめて究極の真理（妙法《みょうほう》）が明らかになる」という意味だ。

妙法とは「妙法蓮華経」の略だが、単なる経典の名前ではなく、宇宙の究極の真理、実践的真理をあらわす「正法」の意味もある。

日蓮は本書において、末法の世では「南無妙法蓮華経」の唱題は実践することにより、万人が成仏《じょうぶつ》できるという教えの根拠を説き明かしている。

つまり、先に述べた一念三千の法門である。

本書で説かれる教えによれば、末法時代に有効なのは「南無妙法蓮華経」の題目を口に唱え、身に受持する信心行《しんじんぎょう》（観心）である。その本尊は題目を図にあらわした「大曼荼羅」にほか

『観心本尊抄』の正式名称

如来《にょらい》滅後《めつご》五《ご》五《ご》百《ひゃく》歳《さい》始《し》観心《かんじん》本《ほん》尊抄《ぞんしょう》

仏滅後、500年ずつ時代が悪くなっていく
- 第１の500年 ― **解脱堅固**（正法がさかんで、悟りに至る者が多い）
- 第２の500年 ― **禅定堅固**（悟りを得る者はいないが、禅定はさかん）
- 第３の500年 ― **多聞堅固**（実践する者が少ないが、知識はさかん）
- 第４の500年 ― **多造塔寺堅固**（塔寺の建造がさかんに行なわれる）
- 第５の500年 ― **闘諍堅固**（邪見がはびこり、言い争いがさかん）

→ **この500年のはじめを「如来滅後五五百歳始」という**

ならない。

『観心本尊抄』が書かれたその年、日蓮は「大曼荼羅」を独特のひげ文字を使って書きあらわした。

その大曼荼羅は「始顕本尊《しけんほんぞん》」と呼ばれるが、日蓮の真筆は焼失してしまっている。一八七五（明治八）年、身延山久遠寺《みのぶさんくおんじ》の大火災によるものだ。

なお、釈尊の直弟子（本化《ほんげ》上行菩薩の再誕）として使命を託された者の自覚を示した『開目抄』が「人開顕《にんかいげん》の書」といわれるのに対し、日蓮の確立した独自の信仰と理念をもっとも体系的に示した本書は「法開顕《ほうかいげん》の書」と呼ばれる。

日蓮宗では古来重視されており、最高経典としての位置づけもある。

日蓮の著作
撰時抄
法華経こそが時代の仏法ととらえた晩年の書

日蓮は佐渡流罪を赦免《しゃめん》されると、鎌倉を経て身延山に入山した。その翌年、一二七五（建治《けんじ》元）年に書かれたのが『撰時抄《せんじしょう》』だ。

日蓮の教えのなかには五義（教・機・時・国・序）の教判《きょうばん》があるが、本書では五つのうち「時」を選んで他の四つとの関係を論じている。成仏をめざすには、自分がいかなる時代に生きているかを認識しなければならず、法華経こそが現在の末法の時代の仏法であるということを説いているのだ。

また、本書では念仏や禅よりも真言密教《しんごんみっきょう》に批判が向けられている。「天台宗はもともと法華経を基本にした教えだったのに、最澄の弟子である円仁《えんにん》は真言の教えを重視した。結果、かつてのような法華経への信仰はなくなってしまった」と日蓮は失望の色を見せている。

晩年の著作ということで自伝的な要素が強い点も特徴的だ。

日蓮は法華経の行者としての生涯を振り返りつつ、釈尊直系の弟子であるとの認識に至った経緯を語っている。

日蓮の著作

報恩抄

亡き師へ捧げる法華経の行者としての報告書

『報恩抄《ほうおんしょう》』は一二七六（建治二）年、『撰時抄』と時期を同じくして書かれた。この年、日蓮の師である安房《あわ》の清澄寺《せいちょうじ》の道善房《どうぜんぼう》が亡くなった。日蓮はその訃報《ふほう》に接すると、報恩感謝《ほうおんかんしゃ》と追《つい》善回向《ぜんえこう》のために本書を著したのである。

立正安国を説く日蓮にとって、報恩感謝の気持ちは生涯をつらぬく根本の徳目のひとつだった。そのため日蓮は、本書において「真実の報恩は釈尊の教えに従って法華真実の妙法を信仰し、広めることにある」と、法華経の行者として報恩の道を歩んできた自己の功徳を旧師に報告している。道善房はもともと念仏の教えを信奉しており、日蓮の考え方とは相違もあったが、日蓮の旧師を想う気持ちは本物だったのだろう。

そして本書の最後には「この功徳は故道善房の聖霊の御身に集まるべし。南無妙法蓮華経」とある。

ただし、これは師にのみ功徳を振り向けているのではない。南無妙法蓮華経の題目を末尾に置くことにより、すべての人々に功徳を振り向けることを意味している。

日蓮の手紙

忘持経事

先祖に対する報恩感謝の気持ちの大切さを示す

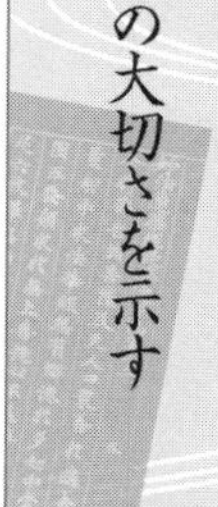

我が頭は父母の頭　我が足は父母の足　我が十指は父母の十指　我が口は父母の口なり
譬《たと》えば種子《たね》と菓子《このみ》と身と影の如し（『忘持経事《ぼうじきょうじ》』）

【現代語訳】わたしの頭は父母の頭、わたしの足は父母の足、わたしの十本の指は父母の十本の指、わたしの口は父母の口。たとえるならば種子をまけば果実がなり、体があれば影があるようなものであり、親と子は決して切っても切れない関係なのです。

これは一二七六（建治二）年三月、当時五十五歳の日蓮が最初期の信者のひとりである富木《とき》常忍《じょうにん》に宛てた手紙の一節だ。「忘れたまう御持経、追いて修行者に持たせこれを遣《つか》わす」という文章ではじまるため、『忘持経事《ぼうじきょうじ》』と呼ばれる。

あるとき、常忍は九十歳を超える老齢で亡くなった老母の遺骨を抱いて、下総《しもうさ》（千葉県）からはるばる身延山の日蓮を訪ね、山中に納骨《のうこつ》して帰途についた。しかしその折、携帯していた法華経を忘れて帰ってしまう。常忍の法華経を見つけた日蓮は一通の書状をしたため、使者にもたせてあとを追わせる。そのときの手紙である。

手紙のなかで日蓮は、大切な法華経を忘れていった常忍を揶揄《やゆ》しながらも、釈尊の教えに包まれて、常忍の母の回向がなされたことに満足した心情をつづっている。日蓮自身、両親を遠く離れた故郷に残して訪ねることができない身だったので、親を失った子の心を推《お》しはかってともに嘆き、その思いを込めながら追悼《ついとう》の言葉を書き送ったのである。

また、納骨の様子も書き記されている。身延の草庵《そうあん》に到着した常忍は法華経の講義の声が鳴り響く仏堂《ぶつどう》に入って遺骨を安置したあと、床に伏して深々と礼拝した。日蓮は若いときから常忍の母と懇意《こんい》にしていたらしく、身延山まで手づくりの小袖《こそで》を送ってもらったほどだった。その母の思い出を語ると、日蓮は法華経の功徳によって成仏したことを確信。常忍は自分の体が父母の体そのものなのだという思いに至り、仏前に涙したという。

師・道善房へ捧げた『報恩抄』の項でも述べたが、日蓮は父母や先祖に対する報恩感謝の気持ちの大切さを熱心に説いている。

われわれも、親や先祖と一心同体であることを認識し、毎日を大切に生きていかなければならないのだ。

日蓮の手紙
檀越某御返事
信仰生活と社会生活の一致を訴える

御みやづかいを法華経とおぼしめせ（『檀越某御返事《だんのつぼうごへんじ》』）

【現代語訳】宮仕えを、そのまま法華経への信仰生活だと思ってください（主君に仕えることが法華経を実践することです）。

これは一二七八（弘安《こうあん》元）年、日蓮が五十七歳のときに信者の四条金吾《しじょうきんご》に宛てた手紙の一節である。法華経の修行をどう考えるか、という問題について日蓮の見解がうかがえる。

金吾は北条一門の江間《えま》光時《みつとき》に医術をもって仕えていた武士であるが、日蓮が身延山に入山して四年目の一二七七（建治三）年、光時とのあいだに葛藤《かっとう》が生じた。

事の発端は、天台僧・龍象房《りゅうぞうぼう》の説法の場に金吾が参じたことだった。金吾に同行した学僧が龍象房に不審点を質問したところ、龍象房は返答に詰まり閉口。このありさまを目にした金吾の同僚が金吾への妬《ねた》みから光時に訴え出た。そのせいで、金吾は光時の詰問を受け、主君の指図に従うことを誓う文書（起請文《きしょうもん》）の提出を命じられたのだ。

金吾は詰問の内容が法華経や日蓮の教えに反していたので、身延の日蓮にその旨を報告した。すると日蓮は金吾を代弁して『頼基陳状《よりもとちんじょう》』を書きあらわし、光時の詰問に反論。金吾も法華経信仰をつらぬくことを表明したため、金吾の所領は没収されてしまった。

だが、光時が病に伏したのを機に、状況が一変する。

金吾が献身的に治療を施したことで光時の態度は軟化していき、金吾の所領は返還され、主従関係ももとに戻ったのである。

ちょうどその頃、日蓮はこの手紙を金吾に送ったと見られる。じつは金吾は、事前の手紙のなかで、三度目の流罪の危険性と自身の出家の希望を日蓮に伝えていた。それに対し、日蓮は「宮仕えを続けることが法華経の修行です」と冒頭の一文を記したのだ。

日蓮によれば、われわれの一挙手一投足《いっきょしゅいっとうそく》はすべて修行であり、法華経への信仰と唱題が矛盾なく一致することこそが法華経の修行になる。したがって、信仰生活と社会生活は切り離して考えるべきではなく、唱題を実践しながら与えられた仕事に忠実に打ち込む姿勢が大切なのだ。

金吾と光時の関係が改善したのも、金吾が仕事に正しく取り組んだからにほかならないのである。

日蓮の手紙
妙法尼御前御返事

夫の死で意気消沈の夫人をなぐさめる

人の寿命は無常なり。出《いず》る気《いき》は入《い》る気《いき》を待つ事なし。風の前の露、なお譬《たとえ》にあらず。（『妙法尼御前御返事《みょうほうあまごぜんごへんじ》』）

【現代語訳】人の寿命は常なきものです。出る息の次に入る息が来るとは限らないのです。「風の前の露」というのは単なるたとえ話ではないのです。

日蓮は法華経の提婆達多品《だいばだったほん》第十二に説かれている「悪人成仏《あくにんじょうぶつ》」や「女人成仏《にょにんじょうぶつ》」の教えに従い、すべての人々が救われることを強調した。そのため、女性に対してもたくさんの手紙を送っている。それらを見ると、夫や子どもを失い悲しみに打ちひしがれる女性たちに向けて、あるときはやさしく、あるときは厳しく説き示す日蓮の様子がうかがえる。

一二七八（弘安元《こうあん》）年、当時五十七歳の日蓮は駿河岡宮《するがおかみや》（静岡県沼津市）の女性信者、妙《みょう》法尼《ほうに》から手紙を受け取った。なかには長年連れ添った夫の死の様子が描かれていた。

それによると、妙法尼の夫は「南無妙法蓮華経」の題目を夜も昼も唱え続ける、熱心な法華信者だった。

やがて病に伏せてしまったが、病床でも題目を唱えていた。そして死が間近に迫ったときでさえ唱題をやめることなく、最期は「南無妙法蓮華経」と二声高く唱えて穏やかな死を迎えた。法華経の功徳によってか、夫の死に顔は生きていたときよりも美しく、その形や表情も安らかで損なわれることはなかったという。

この妙法尼からの手紙に対し、日蓮は七月十四日付で返事をしたためる。そのなかにあるのが冒頭の一説だ。すぐあとには「賢い人も愚かな人も、老人も若い人も、定めのないのが世の常です。だから、自分自身の臨終の意味を熟考するのが先決です。世間のことを学ぶのはそのあとです」と続けている。

つまり日蓮は、誰しも必ず死を迎えるのだから、その死をどうやって迎えるかがもっとも重要な課題であり、そのほかのことはあとで考えればよいと説いているのだ。さらには、「夫君が『南無妙法蓮華経』と二度唱えた声に、悪業は消え去った」「夫君は法華経の修行に熱心に取り組み、その教えどおり成仏した。あなたはそうした人を夫とし、夫婦として深い縁を結ばれたのだから、必ず成仏できる」とも記し、妙法尼の悲しみを癒《いや》している。

コラム

法華経に登場する仏神の意味

法華経には多くの仏神が登場する。文殊《もんじゅ》・弥勒《みろく》・観音《かんのん》・勢至《せいし》などの菩薩《ぼさつ》たち、天・竜・夜叉《やしゃ》・乾闥婆《けんだつば》・阿修羅《あしゅら》・迦楼羅《かるら》・緊那羅《きんなら》・摩睺羅伽《まごらか》などのインドの神霊、梵天《ぼんてん》・帝釈天《たいしゃくてん》・持国天《じこくてん》・十羅刹女《じゅうらせつにょ》・鬼子母神《きしぼじん》などの法華経の守護神などだ。これらの仏神にはどのような意味合いがあるのだろうか。

菩薩は、法華経では３つにわけられる。つまり声聞《しょうもん》・縁覚《えんがく》・菩薩という三乗のひとつとしての菩薩（弥勒・勢至など）、修行者としての菩薩（上行《じょうぎょう》・地涌《じゆ》・常不《じょうふ》軽《きょう》など）、法華経の守護者としての菩薩（薬王《やくおう》・妙音《みょうおん》・観音など）だ。それぞれ、法華経内では役割が異なる。

インドの神霊は、そもそも仏教においては扱いが低い。法華経でも聴衆の一部として描かれる。

法華経の守護神は、法華経を広めようとする者を障害から守ってくれる善神だ。法華経の終盤に登場し、日蓮宗の寺院で祀《まつ》られることも多い。

帝釈天

梵天

大黒天

鬼子母神

第七章

法華経二十八品

第七章
法華経
二十八品

序品《じょほん》第一

法華経の扉を開く全二十八章のプロローグ

全二十八品《にじゅうはっぽん》（章）からなる法華経《ほけきょう》において、プロローグの役割を担うのが序品《じょほん》だ。これからはじまる釈尊《しゃくそん》の法華経説法を前に、説法の場所や登場人物が紹介される。

説法の場所はインド・マガダ国の都、王舎城《おうしゃじょう》（ラージャグリハ）近郊にある霊鷲山《りょうじゅせん》。釈尊はここではじめて法華経を説かれる。釈尊のまわりには十大弟子《じゅうだいでし》（舎利弗《しゃりほつ》・摩訶迦葉《まかかしょう》・摩訶《まか》目犍連《もくけんれん》・須菩提《しゅぼだい》・摩訶迦旃延《まかかせんねん》・羅睺羅《らごら》など）や声聞《しょうもん》・縁覚《えんがく》（上座部《じょうざぶ》仏教の最高位の修行者）、比丘《びく》・比丘尼《びくに》（男女の出家《しゅっけ》修行者）、優婆塞《うばそく》・優婆夷《うばい》（男女の在家信者）、文殊《もんじゅ》・弥勒《みろく》・観音《かんのん》などの菩薩《ぼさつ》、天《てん》・龍《りゅう》・夜叉《やしゃ》・阿修羅《あしゅら》などの天竜八部衆《てんりゅうはちぶしゅう》、マガダ国王の阿闍世《あじゃせ》など錚々《そうそう》たる顔ぶれが集まり、説法を待っている。

――釈尊は、「法華三部経」の開経《かいきょう》にあたる無量義経《むりょうぎきょう》をすでに説き終わって瞑想《めいそう》に入っていた。やがて天から華《はな》が降りそそぎ、大地が振動しはじめると、釈尊は眉間《みけん》にある白毫《びゃくごう》（白い毛の渦巻き）から光を放ち、東方の一万八千の世界を照らし出した。

この不思議な瑞相《ずいそう》（めでたいしるし）に驚いた聴衆を代表して、弥勒菩薩が文殊菩薩に説明

法華経の舞台

マガダ国・王舎城（ラージャグリハ）郊外の霊鷲山。山頂が鷲に似ていることからその名がついた。

を求める。

文殊菩薩によれば、過去世において日月灯《にちがっとう》明如来《みょうにょらい》という仏が二万回あらわれ、その二万回目に同じような不思議な現象が起こったあと法華経が説かれた。当時、文殊菩薩は妙高《みょうこう》菩《ぼ》薩《さつ》という名の菩薩として法華経を聴いていたが、弥勒菩薩は名誉や利益に執着《しゅうちゃく》してばかりいる敵だった。

弥勒は自分の過去世をすっかり忘れていたのだ。

そして文殊菩薩は「釈尊はいま三昧《さんまい》（精神統一の境地）を出て普遍的な真理である法華経を説かれるだろう」と語る――

序品はこのように展開し、読者は法華経の世界に誘《いざな》われていく。

方便品第二《ほうべんぼん》

究極の真理を示す法華経の二大中心思想のひとつ

② 宇宙の真理を説き示す釈尊

方便品《ほうべんぼん》は如来寿量品《にょらいじゅりょうほん》とともに、法華経のもっとも重要な章に位置づけられている。三乗方《さんじょうほう》便《べん》・一乗真実《いちじょうしんじつ》、諸法実相《しょほうじっそう》など、法華経の中心思想が説かれているため、読者は必ず理解しておく必要がある。

――釈尊は瞑想から立ちあがると、岩の上から降りてきて「智慧第一《ちえだいいち》」といわれる十大弟子のひとり、舎利弗に語りかける。「完全な悟りに到達した仏の智慧は深く大きく、それを示すことはできないし、表現する言葉もない。深く限りのない根本の真理は仏から仏へのみ伝えられるもので、人は決して真理を理解できない」と――

根本の真理とは何かというと、諸法実相である。

――釈尊は、宇宙の真理の本来の姿（諸法実相）を十の要素（十如是《じゅうにょぜ》）にわけて説いていく。「事物にはそれぞれの状態（相《そう》）と性質（性《しょう》）と形態（体《たい》）があり、その能力（力《りき》）が発動（作《さ》）するとき、原因（因《いん》）と条件（縁《えん》）が結果（果《か》）を生み、他に影響（報《ほう》）していく。そ

方便品の位置づけ

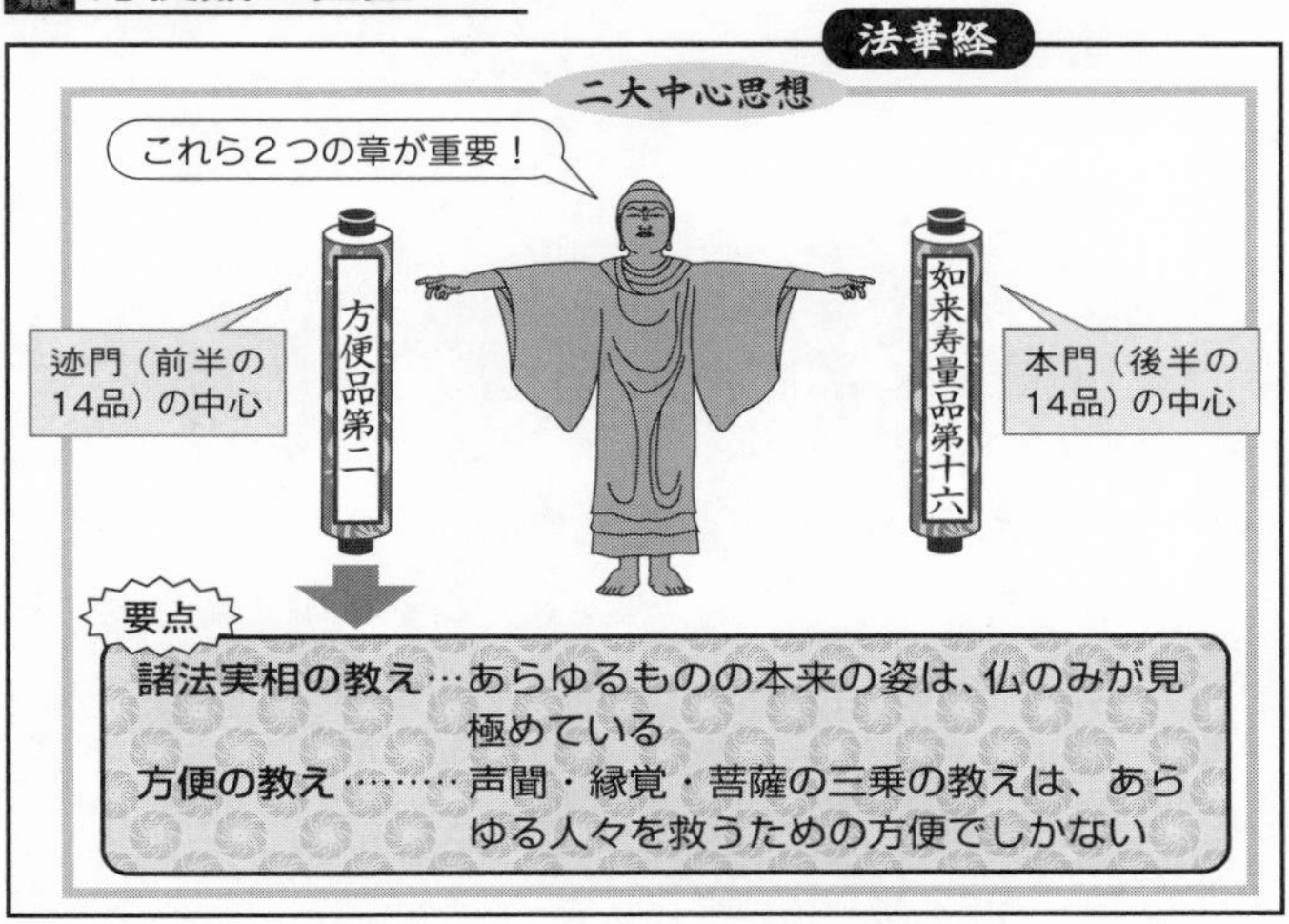
法華経
二大中心思想
これら2つの章が重要！
方便品第二
迹門（前半の14品）の中心
如来寿量品第十六
本門（後半の14品）の中心
要点
諸法実相の教え…あらゆるものの本来の姿は、仏のみが見極めている
方便の教え………声聞・縁覚・菩薩の三乗の教えは、あらゆる人々を救うための方便でしかない

れらは互いに関連しており、これらのものの本質は究極的に等しい（本末究竟等《ほんまつくきょうとう》）」

釈尊はこれまでに説かれてきた縁起《えんぎ》の法を、こうして詳しく説き示した。

しかし、釈尊の言葉にすべての聴衆は疑念を抱いた。

最高の完成に達している舎利弗は、その空気を感じて「なぜ釈尊は方便を讃《たた》え、繰り返し『仏の悟りは理解しがたい』とおっしゃるのでしょう」と尋ねた。すると釈尊は「もしそのわけを説明したら、神々も人も、みな恐れおののくだろう」と答えた――

なぜ三乗と一乗が存在するのか

――説法をやめて口をつぐんでしまう釈尊に

対し、舎利弗は仏の智慧について説いてくれるよう三度繰り返して要請する。釈尊はそれに応《こた》えて説こうとされたが、その場にいた五千人の増上慢《ぞうじょうまん》（自分が悟っていると思い高ぶる者）が集会から退席してしまう。

それでも釈尊は彼らを制止することなく、残った者たちにふたたび説きはじめる。

「仏が人々を悟らせようとするただひとつの目的（一大事の因縁《いんねん》）は、一乗の教えを示すことにある。これまでは声聞・縁覚・菩薩の三つの道（三乗）を説いてきたが、それは真の教えに導くために人々の機根《きこん》（能力）に合わせて説いた方便《ほうべん》（仮の教え）だった。声聞と縁覚の二乗は、この汚れた世界から逃れて煩悩《ぼんのう》を断ち切り、自分だけの悟りを求める小乗《しょうじょう》の悟りで、菩薩としての利他行《りたぎょう》の実践による悟りをめざす大乗《だいじょう》の道とは相容れない。

しかし、本来はすべての人に仏になる性質（仏性《ぶっしょう》）が具わっており、誰もが成仏できる（一乗）のだ」と――

釈尊は人々に智慧の目を開かせ、仏の智慧を悟らせるという目的のため、すなわちすべての人々を成仏《じょうぶつ》させるため、これまでさまざまな教えを説いてきたと述べる。

ここに法華経のもっとも重要なメッセージである「三乗方便・一乗真実」の思想が示されたのだ。

第七章
法華経
二十八品

譬喩品《ひゆほん》第三

三乗の教えをもちいる理由を明示する

——舎利弗は、方便品で説かれた一乗の教えを理解し喜んだ。釈尊は舎利弗を讃え、「未来世で華光如来《けこうにょらい》となって成仏する」と保証を与えた。舎利弗はほかの人々も理解できるように、さらなる説法を釈尊に要請する。すると釈尊は、三乗方便・一乗真実の教えをわかりやすく説明するために「三車火宅《さんしゃかたく》の喩《ゆ》」（一一六ページ参照）を語った——

譬喩品《ひゆほん》で説かれる三車火宅の喩では、父である長者が生老病死《しょうろうびょうし》、憂悲苦悩《うひくのう》に焼かれる三界（欲界《ぞくかい》・色界《しきかい》・無色界《むしきかい》）の火宅から、子どもたちを救出するまでの様子が描かれている。そのなかで、長者は子どもたちに羊車《ようしゃ》・鹿車《ろくしゃ》・牛車《ごしゃ》をそれぞれ与えると約束しながら、実際にはもっと価値のある大きくて白い牛車を与えた。

じつは、釈尊が声聞・縁覚・菩薩の三乗を方便として説いたのも、この三車火宅の喩と同じ論理からだ。

つまり、多くの人々はなかなか悟りの門をくぐることができない。だからこそ、釈尊はさまざまな方便を使って悟りの境地に導こうとするのである。

信解品第四《しんげほんだいし》

回心した仏弟子たちによる理解内容の表明

信解品《しんげほん》では「長者窮子《ちょうじゃぐうじ》の喩」が説かれる。

「三車火宅の喩」を聴いた須菩提・摩訶迦旃延・摩訶迦葉・摩訶目犍連の四人の仏弟子たちは、すべての人が成仏できるという一乗の教えに目が開き、自ら理解した内容を釈尊に示すのだ。

――長く親と離ればなれの境遇にあり、貧乏生活になじんでしまっていた息子が父の家に連れ戻された。息子はその家の豪壮な構えに恐れをなして逃げ出そうとする。そこで父は息子を便所掃除の下男として雇い、二十年ものあいだ汲《く》み取りの仕事に従事させた。そして父は自分の死期が迫ってきた頃、息子がかつての卑《いや》しい心を恥じて立派になったと確信し、親子の名のりをあげて「すべての財産をお前に相続させよう」と宣言した――

このたとえのなかで語られる父は釈尊で、息子は摩訶迦葉ら四人の仏弟子である。彼らはそれまで小乗の悟りに甘んじていた。だが、その誤りを釈尊に気づかされ、反省した。釈尊の説法の仕方は巧みなのである。

第七章
法華経
二十八品

薬草喩品第五《やくそうゆほん》

仏の慈悲がすべての人々を平等に成仏させる

先の四人の仏弟子の言葉を聴いて、その理解を認めた釈尊は、薬草喩品《やくそうゆほん》で「三草二木《さんそうにもく》の喩」をもちいて一乗思想の趣旨説明を繰り返し、「仏の慈悲《じひ》は平等に行き渡らなければならない」と説く。三草二木の喩は次のようなものだ。

――同じ雲から降りそそがれたひとつの味の雨水は、山川や渓谷、土地に生じるさまざまな種類の草木や灌木《かんぼく》、喬木《きょうぼく》、薬草の根や茎や枝や葉を潤す。それぞれの種子はその性質に応じて成長して大きくなり、花を咲かせ、実を実らせる――

この雨水は、仏の慈悲をたとえている。つまり、仏の慈悲は教えを聞いている釈尊の弟子たちすべてに等しく降り注ぐという意味である。もちろん、人の能力や性格にはちがいがあるから、一筋縄ではいかない。しかし、そうした場合はそれぞれに適した巧妙な方便を使って教えを説いてくれる。

釈尊の教えは、どんな人々に対しても手を替え品を替えて仏法への理解をすすめ、最終的には成仏に導いてくれる偉大なものなのである。

第七章
法華経二十八品

授記品《じゅきほん》第六

釈尊により予言・保証される未来世での成仏

授記《じゅき》とは、釈尊が仏道修行者に対して「将来、成仏してこれこれこういう仏になるだろう」と予言・保証を授けることを意味する。授記品《じゅきほん》では、釈尊によって摩訶迦葉をはじめとする四人の仏弟子が未来世で仏になるとの予言がなされる。

――釈尊は「三草二木の喩」を説き終わると、「わが弟子、摩訶迦葉は未来世で三百万億の仏に師事して大荘厳《だいしょうごん》という時代の光徳《こうとく》という国で最後の化身《けしん》をあらわし、完全な悟りを開き、光明如来《こうみょうにょらい》という仏になる」と語った。摩訶目犍連・須菩提・摩訶迦旃延の三人は感動で身震いし、「偉大なる釈尊、わたしたちにも授記を賜《たまわ》りますように」と合掌《がっしょう》しながら釈尊に願った。すると釈尊はその願いに答えて、「須菩提は名相如来《みょうそうにょらい》、摩訶迦旃延は金光如来《こんこうにょらい》、摩訶目犍連は旃檀香如来《せんだんこうにょらい》という名の仏になるだろう」と予言した――

先に述べたように、四人の仏弟子は声聞・縁覚である。声聞・縁覚に授記するのは法華経以外にない。

この点からも、法華経の器《うつわ》の大きさが見てとれる。

第七章
法華経
二十八品

化城喩品第七《けじょうゆほんだいしち》

まだ理解できない人のための説法

化城喩品《けじょうゆほん》では、まず過去世における釈尊と弟子たちの結びつきが説かれる。

——大通智勝如来《だいつうちしょうにょらい》には十六人の王子がいた。やがて王子たちは父に従って出家《しゅっけ》し、法華経の教えを広めた。十六人のなかには、じつは釈尊が含まれていた。その釈尊が現在の聴衆に向かって説く。「かつて、わたしが教化した人々は、いまこの場にいる人々にほかならない」と——つまり、すべての人々は過去も現在も仏の世界に生きているのだ。

続いて後半では、法華七喩《ほっけしちゆ》のひとつに数えられる「化城宝処《けじょうほうしょ》の喩」が語られる。

——宝を求める旅の途中、多くの人々が道の険《けわ》しさに旅を続ける意欲を喪失したが、リーダーが神通力《じんつうりき》で仮の城を設けて一休みさせ、疲労を回復させた。その後、この城はじつは幻《まぼろし》だと伝え、真の目的地（法華経の悟り）に向けて前進を呼びかけた——

このたとえでは、仏になるには長い修行が必要だと説いている。

もし長い修行に耐えられなかったとしても、その状況にあわせて釈尊の方便の教えが導いてくれるのである。

第七章
法華経二十八品

五百弟子受記品第八《ごひゃくでしじゅきほん》

成仏の可能性を示す「衣裏繋珠の喩」

五百弟子受記品《ごひゃくでしじゅきほん》では、すべての人々が仏性をもっているという事実が示される。

――化城喩品で釈尊と弟子との遠い昔からの因縁が示されると、十大弟子のひとり富楼那《ふるな》は喜びにあふれ、釈尊の足を頭に頂いて礼拝《らいはい》した。

釈尊は富楼那を讃え、弟子たちに向かって「富楼那は声聞の姿をしているが、本当は菩薩である。仏の教えを助けるためにそうした姿をしているだけで、宝明《ほうみょう》の時代に法明如来《ほうみょうにょらい》という名の仏になる」と語る。

千二百人の弟子たちは「われわれにも予言を授けてほしいものだ」と心のなかで考えた。すると、それを察した釈尊は「この千二百人すべてに授記する」と述べた。

弟子たちは歓喜するとともに、小さな智慧に満足して「すでに完全な悟りに到達している」と考えていた誤りを反省、「衣裏繋珠《えりけいじゅ》の喩」をもってその思いを表現する――

衣裏繋珠の喩は衣の裏にある宝に気づかなければ、それは何の役にも立たないとの説話。つまりここでは、自分のもつ成仏の可能性に気づきなさいと説かれているのだ。

第七章
法華経
二十八品

授学無学人記品第九《じゅがくむがくにんきほん》

有学・無学の区別なく与えられる成仏の保証

授学無学人記品《じゅがくむがくにんきほん》でも、これまでと同じく釈尊による授記が続く。ここでは有学・無学にかかわらず、みな平等に仏になれるという教えが説かれる。

——釈尊のいとこで、少年の頃から釈尊に従ってきた「多聞第一《たもんだいいち》」といわれる阿難《あなん》、釈尊が出家前の王子だった頃に生まれた実子で「密行第一《みつぎょうだいいち》」といわれる羅睺羅、そして有学（まだ学ぶべきものの有る、修学中の人）、無学（もはや学ぶべきものがない、修学を完了した人）の二千人が、釈尊に授記を求めた。

すると釈尊は阿難に利他行《りたぎょう》の大切さを説き、「未来世に山海慧自在通王如来《せんがいえじざいつうおうにょらい》という名の仏になる」と授記する。

さらに「羅睺羅は未来世でも無量億の仏の長子として生まれて仏道を求め、蹈七宝華如来《とうしっぽうけにょらい》という名の仏になる。学・無学の二千人は、みな宝相如来《ほうそうにょらい》という名の仏になる」と語った——

こうして、すべての仏教徒に授記が行なわれ、三乗方便・一乗真実の教えは、この授学無学人記品をもって完了することになる。

法《ほっ》師《し》品《ほん》第十

法華経の信仰をもち続けることの難しさを説く

法華経の二経六段の区分けでは、前品の授学無学人記品までが迹門《しゃくもん》の本論にあたる正宗分《しょうしゅうぶん》で、この法師品から実践を説く流通分《るづうぶん》になる。

それにともない、説法の対象も仏弟子から菩薩に変わる。菩薩に法華経を広めることの功徳《くどく》を示し、布教の決意を促すのだ。

――釈尊は「法華経を聞いて心に喜びを感じる者は、未来世で成仏できる保証を得るだろう」と述べ、釈尊入滅後の法華経の授持《じゅじ》を奨励。さらには「五項目の修行（受持《じゅじ》・読《どく》・誦《じゅ》・解説《げせつ》・書写《しょしゃ》）と、十種の供養（華・香・瓔珞《ようらく》・抹香・塗香《ずこう》・焼香・繒蓋《そうがい》・幢幡《どうばん》・衣服・伎楽《ぎがく》）を実践すべきであると説いた。そのうえで「法華経を説く者は迫害されるだろう」と予言し、法華信仰をもつことの難しさを、井戸を掘っていて水が出てこなければ投げ出したくなるが、諦めなければいつか水は出てくるという『高原穿鑿《こうげんせんじゃく》の喩』で説いた――

法華経を布教すれば功徳を得られる。だが、信仰し続けるのは生やさしいことではない。法《ほっ》師品《しほん》は、そうした内容を教えている。

第七章
法華経
二十八品

見宝塔品第十一《けんほうとうほんだいじゅういち》

天空の宝塔での説法のはじまり

これまで釈尊の説法は霊鷲山を舞台に行なわれていたが、この見宝塔品《けんほうとうほん》からは天空《てんくう》の宝塔《ほうとう》に移る。

ただし、内容は前品と同じようなもので、釈尊の入滅後に法華経を受持することがいかに難しいかが説かれる。

――釈尊の前に宝物で飾られた塔が、大地より涌出《ゆうしゅつ》して空中に浮かび上がった。宝塔のなかからは、「釈尊が説いている法華経の教えはみな真実だ」という声が聞こえてくる。大楽説《だいぎょうせつ》菩薩《ぼさつ》が釈尊に「なぜ宝塔があらわれたのか」と尋ねると、釈尊は「宝塔には多宝如来《たほうにょらい》がいて、法華経が真実であることを証明しているのだ」と答える。その後、おびただしい数の釈尊の分身仏が集まってきて宝塔の扉が開かれた。なかに入った釈尊が多宝如来と並んで坐ると、その神通力で聴衆も上昇し、宝塔のそばに集められた。宝塔に入った釈尊がまず語られたのが、法華経の信仰の難しさだった――

これ以降は、天空の宝塔を中心に説法が繰り広げられることになる。

提婆達多品第十二《だいばだったほん》

極悪人や女性の成仏の根拠を示す

法華経は、殺人を犯した極悪人でも、古来成仏できないとされてきた女性でも、必ず仏になれると説く画期的な教えだ。その根拠が示されているのが提婆達多品《だいばだったほん》である。

――ある国の王が「大乗の教えを示してくれる者があれば、生涯その下僕《げぼく》になろう」といったところ、ある仙人が法華経を説いた。すると国王は千年間、仙人の奴隷として仕え、成仏できた。その国王こそ過去世《かこぜ》の釈尊であり、仙人は今生《こんじょう》の提婆達多だった。釈尊は「提婆達多が正しい教えを説いて仏道に導き入れる人（善知識《ぜんちしき》）だったおかげで、六《ろく》波羅蜜《はらみつ》（悟りに到達するための六つの修行、布施《ふせ》・持戒《じかい》・忍辱《にんにく》・精進《しょうじん》・禅定《ぜんじょう》・智慧《ちえ》）や神通力《じんつうりき》、道力《どうりき》などが具わり、成仏することができた」と語る――

じつは、この提婆達多とはもともと釈尊のいとこだったのだが、出家後に釈尊と対立し、狂象をけしかけたり、大岩を落として釈尊殺害を謀《はか》り、さらには教団を乗っ取ろうした人物である。

しかし釈尊によれば、そんな提婆達多でも過去世では自分の師で、未来世では天道の世界で

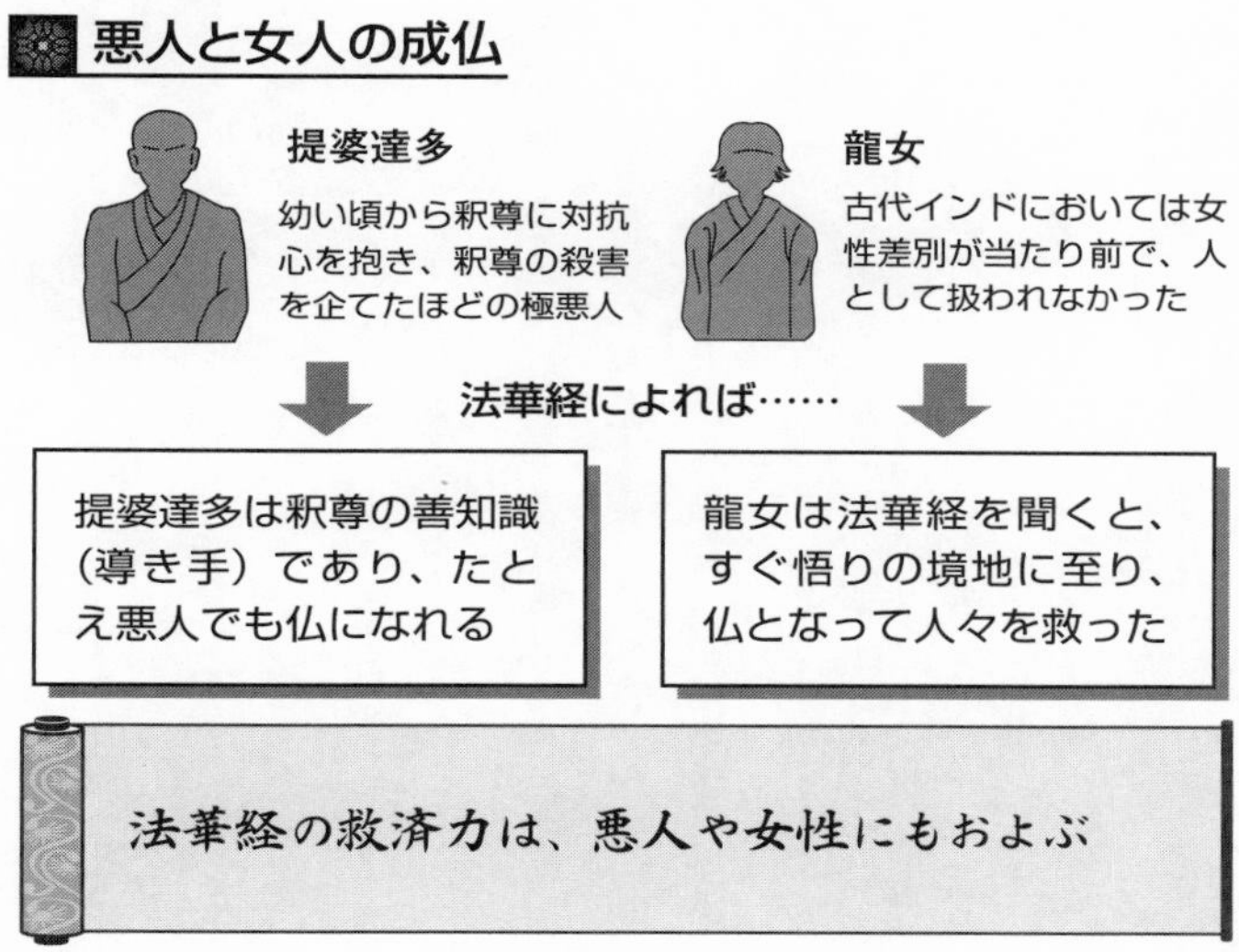
悪人と女人の成仏
提婆達多
幼い頃から釈尊に対抗心を抱き、釈尊の殺害を企てたほどの極悪人
龍女
古代インドにおいては女性差別が当たり前で、人として扱われなかった
法華経によれば……
提婆達多は釈尊の善知識（導き手）であり、たとえ悪人でも仏になれる
龍女は法華経を聞くと、すぐ悟りの境地に至り、仏となって人々を救った
法華経の救済力は、悪人や女性にもおよぶ

天王如来《てんのうにょらい》という名の仏になるという。これが「悪人成仏《あくにんじょうぶつ》」の教えの根拠である。

一方、「女人成仏《にょにんじょうぶつ》」の教えの根拠となっている説話は次のようなものだ。

——海中にある龍宮《りゅうぐう》で法華経を説いていた文殊菩薩が、「龍王《りゅうおう》の娘・龍女《りゅうにょ》が菩提心《ぼだいしん》を起こして成仏した」と語った。しかし、舎利弗はこれに疑念をもち、「女身は穢《けが》れており、仏になることはできないといわれている」と反論した。すると龍女は突然男に変わり（変成男子《へんじょうなんし》）、成仏してすばらしい仏の教えを説いて見せた——

法華経成立当時の通念を破る、悪人成仏と女人成仏の教え。

これは、この経典の救済力の大きさを物語る証左となっている。

勧持品第十三《かんじほん》

菩薩たちが命をかけて法華経の布教を誓う

勧持品《かんじほん》では、法華経を広めるにあたっての菩薩たちの誓いが示される。

――薬王菩薩《やくおうぼさつ》や大楽説菩薩をはじめとする二万の菩薩たちは、見宝塔品での釈尊の呼びかけに応えて、「釈尊入滅後の悪世に法華経を広めることは難しい。だが、身命《しんめい》をも惜しみません」と釈尊の前に出て誓った。成仏の保証を受けている五百人の声聞や、八千人の有学・無学の弟子たちも誓いの言葉を申し述べた。

続いて釈尊の出家前の妻・耶輸陀羅《やしゅだら》と、釈尊の継母で、最初の女性出家者となった摩訶波闍《まかはじゃ》波提《はだい》が成仏の保証を授けられ、「わたしたちも法華経を広めます」と喜んで誓った――

ここで菩薩たちが述べた「法華経を広めるためには身命をも惜しみません」という言葉は、法華経の伝道者としての覚悟を示した有名な句だが、じつはこれが日蓮宗の基本的布教姿勢になっている。

つまり、相手の悪を指摘し屈伏させ、正信《しょうしん》に導き入れる折伏《しゃくぶく》の理論的支柱になっているのだ。

第七章
法華経
二十八品

安楽行品第十四《あんらくぎょうほんだいじゅうし》

釈尊が法華経の布教方法を説き示す

安楽行品《あんらくぎょうほん》は、勧持品と対をなす。

ここでは前品で法華経の布教を誓った菩薩たちのために、布教活動における四つの指針が示される。

——釈尊は「仏滅後の悪世において、法華経をどのように広めればよいのですか」と文殊菩薩に問われ、次のように応えた。「四種の行法を基礎にすべきである。すなわち修行の妨げになる者に接近したり、婦女子の歓心《かんしん》を買うような動機では説法せず、柔和で忍耐のある正しい身の処し方を心がける（身安楽行《しんあんらくぎょう》）。他人を非難したり罵《ののし》ったりせず、穏やかで丁寧な言葉を使う（口安楽行《くあんらくぎょう》）。嫉妬《しっと》や怒り、へつらい、偽りの心を捨て平等に教えを説く（意安楽行《いあんらくぎょう》）。慈悲の心をもち、すべての人々を一仏乗に導くと誓願する（誓願安楽行《せいがんあんらくぎょう》）ということである」と——

その後、釈尊は法華経を容易に説かず、一切の煩悩《ぼんのう》を振り払った者にだけ説くことをたとえた「髻中明珠《けいちゅうみょうじゅ》の喩」を説き、法華経前半の迹門が終わる。

第七章
法華経二十八品

従地涌出品第十五《じゅうぢゆじゅっぽん》

地下から涌きあがる無数の菩薩の正体とは

従地涌出品《じゅうぢゆじゅつぽん》からは、法華経の本門《ほんもん》がはじまる。

釈尊が「久遠《くおん》の本仏《ほんぶつ》」であることがいよいよ明かされていくのだが、この品はそのプロローグとなっている。

――多くのほかの国土から、釈尊の住む娑婆《しゃば》世界（この世）に来ていた八恒河沙《はちごうがしゃ》（恒河沙は数の単位、ガンジス川の砂のほど多くの意）を超える数の菩薩たちは、「釈尊入滅後の世界で法華経を広めることを許してほしい」と申し出る。

釈尊が「この世界にも多くの菩薩たちがいるから」と申し出を断わると、地面が激しく震動して、地下の虚空《こくう》にとどまっていた幾千万億もの菩薩たちが姿をあらわした。

そして釈尊が「これら地涌の菩薩は、わたしが娑婆世界で悟りを得てから教え導いた者たちだ」というと、弥勒菩薩は「釈尊が菩提樹《ぼだいじゅ》の下で成道《じょうどう》されてから四十年ほどしか経っていないのに、どうしてこんなに多くの菩薩を育てられたのか」と説明を求めた――

この弥勒菩薩の疑問に対する答えは、次の如来寿量品《にょらいじゅりょうほん》第十六で明らかにされる。

第七章
法華経
二十八品

如来寿量品《にょらいじゅりょうぼん》第十六

釈尊の永遠性を説き示す

仏としての釈尊と人間としての釈尊

如来寿量品《にょらいじゅりょうぼん》には、法華経の本門におけるもっとも重要な教えであり、法華経の中心思想でもある「久遠の本仏」が説かれている。まず従地涌出品での弥勒菩薩の質問に答える形で、仏の命が永遠であることが明らかにされる。

――釈尊はこのように語る。「世間の人々は、わたしが釈迦族《しゃかぞく》の宮殿から出家して伽耶城《がやじょう》の近くの菩提樹の下で成道したと思っている。だが、じつは成仏してからすでに百千万億那由他《なゆた》劫《こう》という無限のときを経ているのだ」と――

次に釈尊は、その無限に長い時間を娑婆世界（この世）やほかの多くの世界での教化にあててきたと人々に告げる。

――わたしはこれまで、燃灯仏《ねんとうぶつ》などの過去仏となって入滅《にゅうめつ》を繰り返し、さまざまな姿でいろいろな教えを説いてきた。そして説いた教えはすべて真実だった。

仏の真実は生まれることも死ぬこともなく、変化することも流転《るてん》することもない。仏が三界を見るのは愚かな人々が見るのとはちがう。決して見誤ることはないのだ。

しかし、仏が常住不滅《じょうじゅうふめつ》の存在だと思い込むと、人々は驕《おご》る心や怠《おこた》る心を起こしてしまう。人間としてのわたしは、仏に会うのが容易でないことを示すために、仮に姿をあらわした方便にすぎない。

わたしが入滅して仮に肉身が消滅したとしても、そのもとにある「久遠の本仏」が繰り返しこの世に姿をあらわし、さまざまな方便を使って人々を救うだろう――

❷釈尊は永遠の命をもつ仏

さらに釈尊は「良医治子《ろういじし》の喩《ゆ》」(一一六ページ参照)をもって、仏の寿命が久遠であること、人々に難遭《なんそう》の想いや恭敬《きょうけい》の心を抱かせるために入滅を示すことを述べる。

このたとえについて日蓮は、良薬を「妙法蓮華経」の五字に、父（久遠の本仏）の他国での死を伝えに来た使者を「本化地涌《ほんげちゆ》の菩薩」にたとえ、本心を見失い薬を飲もうとしない子どもたちを「末法の衆生《しゅじょう》」と解釈している。

そして釈尊は「自我偈《じがげ》」、あるいは「久遠偈《くおんげ》」として知られる如来寿量品末尾の偈文《げもん》（詩）において、自らが久遠の本仏であることを人々に語り聞かせる。

——わたしが悟りを開いてから無量百千万、億載阿僧祇《おくさいあそうぎ》という無限のときが経ち、そのあいだ無数億の人々を教化し続けてきた。これからわたしは入滅して涅槃《ねはん》に入る。だが、それはあくまで方便でしかない。わたしはつねにこの世にいて、教えを説き続けている。理性が顛倒《てんとう》している人々には見ることはできないが、わたしを見たいと願う人はいつでもわたしを見ることができるだろう——

この如来寿量品によって、われわれは久遠の本仏に生かされていることを知り、この現実世界こそが仏の浄土《じょうど》であることを知るのである。

「自我偈」の写経

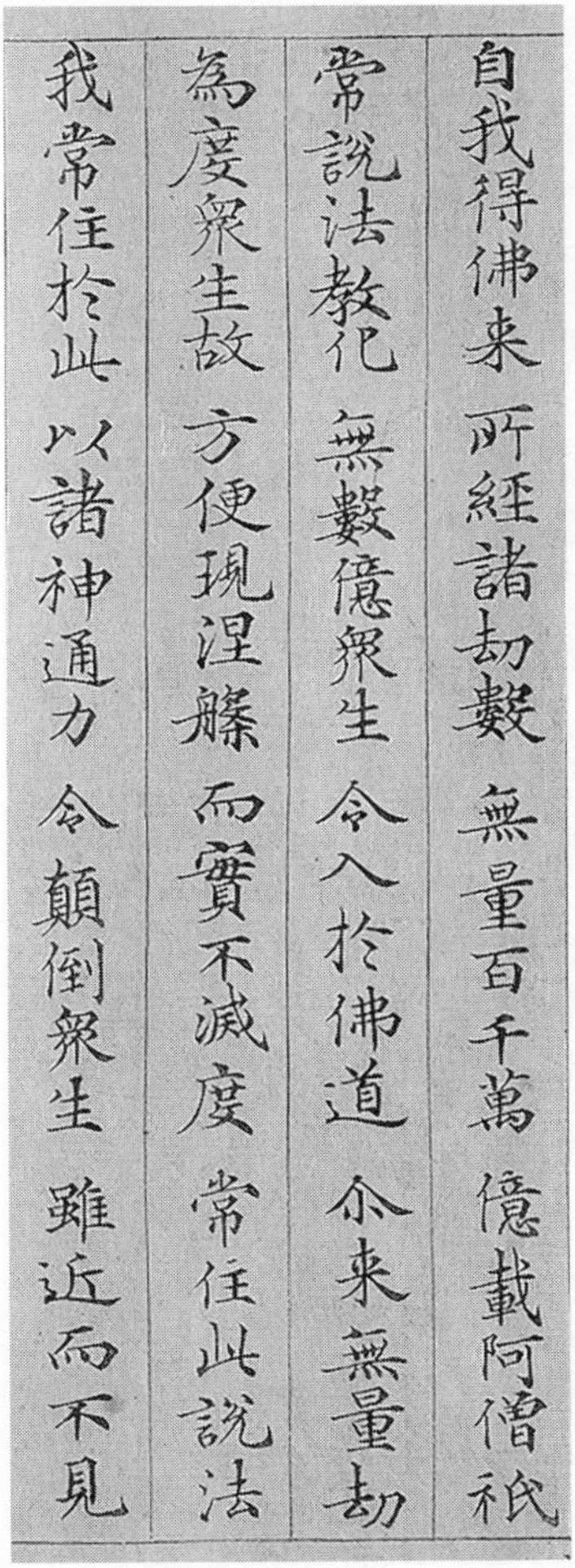
自我得佛来　所経諸劫數　無量百千萬　億載阿僧祇
常説法教化　無數億衆生　令入於佛道　尒来無量劫
為度衆生故　方便現涅槃　而實不滅度　常住此説法
我常住於此　以諸神通力　令顛倒衆生　雖近而不見

藤原行成筆と伝わる写経の「自我偈」冒頭部分。（東京国立博物館蔵）

自我偈（久遠偈）

自我得仏来《じがとくぶつらい》　所経諸劫数《しょきょうしょこっしゅ》　無量百千万《むりょうひゃくせんまん》　億載阿僧祇《おくさいあそうぎ》　常説法教化《じょうせっぽうきょうけ》　無数億衆生《むしゅおくしゅじょう》　令入於仏道《りょうにゅうおぶつどう》
爾来無量劫《にらいむりょうこう》　為度衆生故《いどしゅじょうこ》　方便現涅槃《ほうべんげんねはん》　而実不滅度《にじつふめつど》　常住此説法《じょうじゅうしせっぽう》　我常住於此《がじょうじゅうおし》　以諸神通力《いしょじんづうりき》
令顛倒衆生《りょうてんどうしゅじょう》　雖近而不見《すいごんにふけん》　衆見我滅度《しゅけんがめつど》　広供養舎利《こうくようしゃり》　咸皆懐恋慕《げんかいえれんぼ》　而生渇仰心《にしょうかつごうしん》　衆生既信伏《しゅじょうきしんぶく》
質直意柔軟《しちじきいにゅうなん》　一心欲見仏《いっしんよくけんぶつ》　不自惜身命《ふじしゃくしんみょう》　時我及衆僧《じがぎゅうしゅうそう》　倶出霊鷲山《くしゅつりょうじゅせん》　我時語衆生《がじごしゅじょう》　常在此不滅《じょうざいしふめつ》
以方便力故《いほうべんりきこ》　現有滅不滅《げんうめつふめつ》　余国有衆生《よこくうしゅじょう》　恭敬信楽者《くぎょうしんぎょうしゃ》　我復於彼中《がぶおひちゅう》　為説無上法《いせつむじょうほう》　汝等不聞此《にょとうふもんし》
但謂我滅度《たんにがめつど》　我見諸衆生《がけんしょしゅじょう》　没在於苦海《もつざいおくかい》　故不為身現《こふいげんしん》　令其生渇仰《りょうごしょうかつごう》　因其心恋慕《いんごしんれんぼ》　乃出為説法《ないしゅついせっぽう》
神通力如是《じんづうりきにょぜ》　於阿僧祇劫《おあそうぎこう》　常在霊鷲山《じょうざいりょうじゅせん》　及余諸住処《ぎゅうよしょじゅうしょ》　衆生見劫尽《しゅじょうけんこうじん》　大火所焼時《だいかしょしょうじ》　我此土安穏《がしどあんのん》
天人常充満《てんにんじょうじゅうまん》　園林諸堂閣《おんりんしょどうかく》　種種宝荘厳《しゅじゅほうしょうごん》　宝樹多華果《ほうじゅたけか》　衆生所遊楽《しゅじょうしょゆうらく》　諸天撃天鼓《しょてんぎゃくてんく》　常作衆妓楽《じょうさしゅぎがく》
雨曼陀羅華《うまんだらけ》　散仏及大衆《さんぶつぎゅうだいしゅう》　我浄土不毀《がじょうどふき》　而衆見焼尽《にしゅけんしょうじん》　憂怖諸苦悩《うふしょくのう》　如是悉充満《にょぜしつじゅうまん》　是諸罪衆生《ぜしょざいしゅじょう》
以悪業因縁《いあくごういんねん》　過阿僧祇劫《かあそうぎこう》　不聞三宝名《ふもんさんぼうみょう》　諸有修功徳《しょうしゅくどく》　柔和質直者《にゅうわしちじきしゃ》　則皆見我身《そくかいけんがしん》　在此而説法《ざいしにせっぽう》
或時為此衆《わくじいししゅう》　説仏寿無量《せつぶつじゅむりょう》　久乃見仏者《くないけんぶっしゃ》　為説仏難値《いせつぶつなんち》　我智力如是《がちりきにょぜ》　慧光照無量《えこうしょうむりょう》　寿命無数劫《じゅみょうむしゅこう》
久修業所得《くしゅごうしょとく》　汝等有智者《にょとううちしゃ》　勿於此生疑《もつおししょうぎ》　当断令永尽《とうだんりょうようじん》　仏語実不虚《ぶつごじっぷこ》　如医善方便《にょいぜんほうべん》　為治狂子故《いじおうしこ》
実在而言死《じつざいにごんし》　無能説虚妄《むのうせっこもう》　我亦為世父《がやくいせぶ》　救諸苦患者《くしょくげんじゃ》　為凡夫顛倒《いぼんぶてんどう》　実在而言滅《じつざいにごんめつ》　以常見我故《いじょうけんがこ》
而生憍恣心《にしょうきょうしし》　放逸著五欲《ほういつじゃくごよく》　堕於悪道中《だおあくどうちゅう》　我常知衆生《がじょうちしゅじょう》　行道不行道《ぎょうどうふぎょうどう》　随応所可度《ずいおうしょかど》　為説種種法《いせつしゅじゅほう》
毎自作是念《まいじさぜねん》　以何令衆生《いがりょうしゅじょう》　得入無上道《とくにゅうむじょうどう》　速成就仏身《そくじょうじゅぶっしん》

この詩文は如来寿量品第十六のなかでもとくに重要な部分で、法華信者はつねに読誦することになっている

第七章
法華経
二十八品

分別功徳品第十七《ふんべつくどくほんだいじゅうしち》

法華経の行者が得られる功徳の分類

法華経本門の本論にあたる正宗分はこの分別功徳品《ふんべつくどくほん》の前半で終わり、後半からは実践を説く流通分に入る。

この品の要点は、修行によって得られる功徳についてである。

――釈尊の教えの偉大さ、寿命の長さを聞いた聴衆は、歓喜して悟ろうとする心を起こす。釈尊は「わずかでも悟りの心を起こせば、その功徳ははかり知れない」と述べた――

釈尊によれば、修行の功徳は釈尊在世時と入滅後で異なる。在世の修行の功徳は、①信心を起こす段階（一念信解《いちねんしんげ》）、②教えの趣旨を理解する段階（略解言趣《りゃくげごんしゅ》）、③法華経を説き広める段階（広為他説《こういたせつ》）、④深く信じる段階（深信観成《じんしんかんじょう》）の「現在の四信」に分類される。

一方、入滅後は①法華経を聞いて喜びの心を起こす段階（随喜品《ずいきほん》）、②法華経を読誦《どくじゅ》し、その意義を理解する段階（読誦品《どくじゅほん》）、③法華経を説く段階（説法品《せっぽうほん》）、④六度つまり六波羅蜜《ろくはらみつ》（布施・持戒・忍辱・精進・禅定・智慧）を行じる段階（兼行六度品《けんぎょうろくどほん》）、⑤仏の寿命が無限であることを信じて六度を行じる段階（正行六度品《しょうぎょうろくどほん》）の「滅後の五品」にわかれる。

第七章
法華経二十八品

随喜功徳品第十八《ずいきくどくほんだいじゅうはち》

法華経の行者に訪れる多大なる功徳

随喜功徳品《ずいきくどくほん》では、分別功徳品で説かれた「滅後の五品」のなかの①法華経を聞いて喜びの心を起こす段階（随喜品）について、さらに詳しく説かれている。

――釈尊は弥勒菩薩の質問に答えていわれた。

「わたしの入滅後、法華経を聞いて喜んで帰依し、親族や友人などにそれを説き、順々に伝えて五十番目の人が法華経の一偈《いちげ》だけでも聞いて喜んで帰依したとしよう。

その功徳は、八十年間あらゆる生物に施《ほどこ》しをした人の功徳でさえ百千万億分の一にもおよばぬほどで、比較したり計算したりできない。ましてや、最初に法華経を聞いて喜びの心を起こした人の功徳ははかり知れない。

また、僧坊《そうぼう》に詣でて一瞬でも法華経を聞き、読誦し、人にも勧め、教え説く人の受ける福徳には限りがない」と――

このように、法華経を聞いて喜びの心を起こす人には大きな功徳がもたらされる。法華経による恩恵《おんけい》は絶大なのだ。

法師功徳品第十九《ほっしくどくほん》

五品の修行で得られる知覚器官への功徳

随喜功徳品に引き続き、法師功徳品《ほっしくどくほん》でも法華経の功徳が説かれている。
五種法師《ごしゅほっし》（受持・読・誦・解説・書写の五つの修行）の功徳と、分別功徳品で説かれた滅後の五品の修行で得られる六根《ろっこん》（眼・耳・鼻・舌・身・意の六つの感覚、知覚器官）清浄《しょうじょう》の功徳である。

――釈尊は常精進《じょうしょうじん》菩薩《ぼさつ》に告げた。「法華経の五種法師の修行を実践した人は、あらゆる世界の事物の因縁を知る八百の「眼」の功徳、あらゆる世界の一切の音声《おんじょう》を聞きわける千二百の「耳」の功徳、あらゆる世界の一切の香りを嗅ぎわける八百の「鼻」の功徳、どんなものも甘露《かんろ》として味わい、その言葉であらゆる人を喜ばすことのできる千二百の「舌」の功徳、身体が清浄で輝き、多くの人がその身を見ることを喜ぶ八百の「身」の功徳、仏の説く真実の教えを理解する千二百の「意」の功徳を得ることができる。そして、これらの功徳によって六根を荘厳して、すべてを清浄ならしめる」と――

つまり、法華経を説き広める人の知覚器官には、人知を超えた力が備わることになる。

第七章
法華経二十八品

常《じょう》不《ふ》軽《きょう》菩《ぼ》薩《さつ》品《ほん》第二十

常不軽菩薩が明かす法華経の行者の福徳

常《じょう》不《ふ》軽《きょう》菩《ぼ》薩《さつ》品《ほん》では、法華経の行者を誹《ひ》謗《ぼう》する者の罪《ざい》報《ほう》と信受する者の福《ふく》徳《とく》が、常不軽菩薩の故事によって明らかにされる。

――像《ぞう》法《ほう》の時代（正しい教えが消滅する時代）に、常不軽という菩薩の比丘があらわれ、自分の出会うすべての四衆《ししゅ》（比丘・比丘尼、優波塞・優婆夷）に対して礼拝し、「深くあなたたちを敬います。あなたたちはみな菩薩道を行じ、仏になることができるからです」といった。四衆たちは、「仏になれる」などと予言する者は身のほど知らずもはなはだしいと怒り罵って常不軽を迫害した。しかし、常不軽は礼拝行をやめなかった。やがて常不軽は臨《りん》終《じゅう》のときを迎えたが、虚空に法華経の偈を聞き、六根の清浄の功徳を得て成仏することができた。釈尊の過去世は、じつはこの常不軽菩薩だったという――

この常不軽菩薩を、日蓮は法華経の修行者の模範としている。

像法時の法華経修行者が常不軽菩薩ならば、末法時の法華経修行者は自分だと認識し、布教にあたったのである。

第七章
法華経
二十八品

如来神力品第二十一《にょらいじんりきほん》

地涌の菩薩に与えられた布教の使命

従地涌出品第十五では、法華経を説き広めるために地涌の菩薩たちが呼び起こされ、その後の五章では布教に関する教えが説かれた。

そして、この如来神力品《にょらいじんりきほん》では釈尊が地涌の菩薩たちに対して、釈尊入滅後の世界で法華経を広めるよう付属《ふぞく》（命令）するのである。

――地涌の菩薩たちは、釈尊の前で仏滅後の法華経宣教《せんきょう》の誓いを述べた。すると釈尊は、文殊菩薩をはじめとする娑婆世界の菩薩や比丘・比丘尼、優婆塞・優婆夷、天竜八部衆などすべての人々の前で、大いなる神力をあらわす。すなわち、広く長い舌を全宇宙に広げて言葉の届かないところがないことを示し、すべての毛孔《けあな》から無数の色の光を放って世界を照らしたのだ。釈尊の分身である十方の仏たちも、光と声を発して宇宙を震わせた。

そして釈尊は地涌の菩薩たちにこう告げる。「仏の神通力は、このようにはかり知れず不可思議なものだ。無限の時間を費やしても、仏の教えを説き明かすことはできない。しかし、すべての教え、すべての神通力、すべての秘された真実の意味、すべてのたとえようもなく奥深

四句要法とは

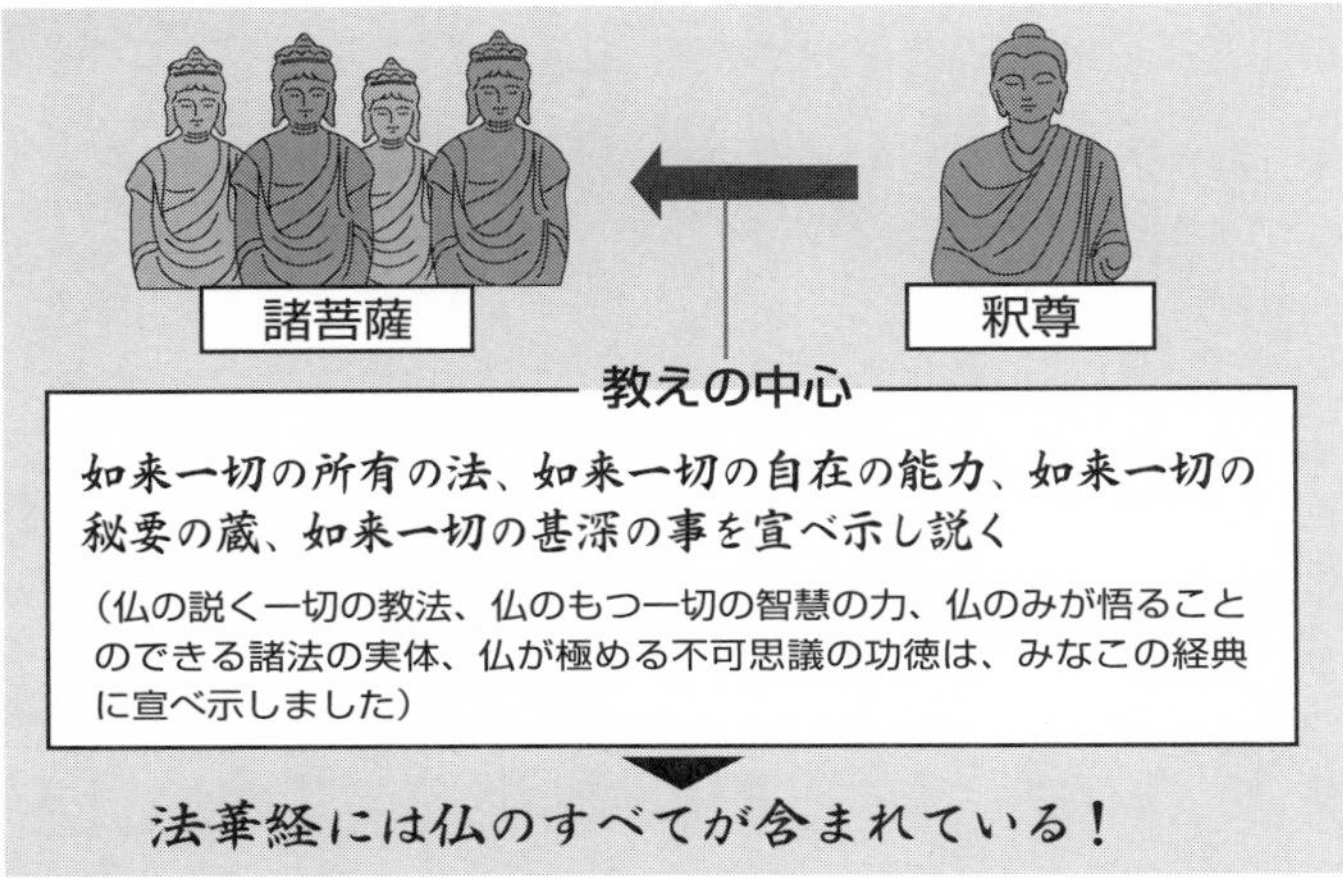

諸菩薩
釈尊
教えの中心
如来一切の所有の法、如来一切の自在の能力、如来一切の秘要の蔵、如来一切の甚深の事を宣べ示し説く
（仏の説く一切の教法、仏のもつ一切の智慧の力、仏のみが悟ることのできる諸法の実体、仏が極める不可思議の功徳は、みなこの経典に宣べ示しました）
法華経には仏のすべてが含まれている！

釈尊は菩薩たちに法華経を授与し、法華経の精神を四句要法で示した

いことは、法華経に説かれている（四句の要法）。だから、わたしの入滅後に一心に法華経を受持して、法華経の教えるように修行すべきである。

そして法華経のあるところであれば、園のなかでも、林のなかでも、樹の下でも、僧坊でも、在家の家でも、殿堂でも、あるいは山、谷、広野でも、その場所が悟りの壇だと知るべきである。

なぜなら、その場所が道場であって（即是道場《そくぜどうじょう》）、仏たちはそこで完全なる悟りを得て（得阿耨多羅三藐三菩提《とくあのくたらさんみゃくさんぼだい》）、教えを説く（転於法輪《てんのうほうりん》）のだから」と——

大乗仏教では菩薩行の実践が奨励されるが、法華経では仏滅後に菩薩が法華経を説き広めることが菩薩行だと理解されている。

第七章
法華経
二十八品

嘱累品《ぞくるいほん》第二十二

すべての菩薩に託された宣教の使命

嘱累品《ぞくるいほん》では如来神力品と同じく付属の儀式が扱われる。ただし、如来神力品では地涌の菩薩たちに付属がなされた（別付属）のに対して、この品では広くすべての菩薩に付属がなされる（総付属）。

――釈尊は神通力を発揮して右手で無数の菩薩たちの頭を三度なで、三度繰り返し告げた。「無量の昔に悟った得がたい教えを、いまあなたたちに付属しよう。この教えを受持し読誦して、広くこの教えを宣《の》べ、あまねく一切の人々に聞かせ知らしめて流布せよ。信仰心のない者には方便によって示し、利益をもたらし喜ばせよ。そうすることが、仏の恩に報いることになるのだ」と。

釈尊の言葉を聞いた菩薩たちは、みな大きな喜びに満たされ、「釈尊の戒めのとおりに行ないます。どうか、ご安心ください」と述べ合った――

最後、釈尊が多宝塔を出て扉が閉められると、仏たちはいっせいに還《かえ》っていく。これ以降、虚空にあった説法の座（虚空会）は地上（霊山会《りょうぜんえ》）に戻されることになる。

第七章
法華経二十八品

薬王菩薩本事品第二十三《やくおうぼさつほんじほん》

薬王菩薩が示す法華経実践のあり方

釈尊に法華経を説き広めるよう命じられ、みなが喜びにわくなか、薬王菩薩本事品《やくおうぼさつほんじほん》では薬王菩薩の過去世の修行が明かされ、法華経を受持することの功徳が説かれる。

――遠い過去世、日月浄明徳如来《にちがつじょうみょうとくにょらい》が一切衆生喜見菩薩《いっさいしゅじょうきけんぼさつ》らに法華経を説いた。菩薩は現一切色身三昧《げんいっさいしきしんさんまい》という境地に達し、如来と法華経を身をもって供養するためにさまざまな香料を飲み、香油を身体に塗って自らを燃やした。その光明は八十億恒河沙《ごうがしゃ》の世界を照らし、千二百年ものあいだ燃え続けた。

やがてその身は燃え尽きたが、菩薩はまた日月浄明徳如来の国の王子に生まれた。如来はおおいに喜んで涅槃に入ることを明かし、遺骨を菩薩に託す。すると菩薩は仏舎利《ぶっしゃり》を集めて八万四千の宝瓶《ほうびょう》にわけ、八万四千の塔を建てた。そして七万二千年間、その身を燃やして日月浄明徳仏を供養した――

一切衆生喜見菩薩は、こうして多数の人々に菩提心《ぼだいしん》を起こさせ、現一切色身三昧の境地に至らしめた。じつは、この菩薩がいま娑婆世界にいる薬王菩薩だというのである。

第七章
法華経
二十八品

妙音菩薩品第二十四《みょうおんぼさっぽんだいにじゅうし》

三十四身に変化する妙音菩薩の救済活動

薬王菩薩に引き続き、この妙音菩薩品《みょうおんぼさつぼん》では妙音菩薩が登場する。妙音菩薩とは、三十四身に姿を変えて法華経を説く菩薩で、その変化によって人々を救済しようとしている。

――釈尊が肉髻《にっけい》や眉間の白毫から光を放って照らした東方はるか遠方に、浄光荘厳《じょうこうしょうごん》という世界がある。妙音菩薩はその世界にいた。釈尊の光がその身を照らすと、妙音菩薩は釈尊に礼拝したくなり、霊鷲山に八万四千の蓮の華を咲かせ、八万四千の菩薩とともに釈尊を供養した。

その後、法華経を聞くために娑婆世界にやってきた。その様子を見ていた華徳菩薩《けとくぼさつ》は、「妙音菩薩はどうしてこのような高い徳を身につけたのでしょうか」と釈尊に尋ねた。釈尊はそれに答えていう。「過去世、現一切世間という国に雲雷音王《うんらいおんのう》という仏がおり、妙音菩薩はその仏のために一万二千年のあいだ十万種類の美しい音楽を奏で、八万四千の宝の器を奉上した。その因縁の果報《かほう》によって、神通力を得たのである」と――

こうして妙音菩薩の救済活動を描くことにより、法華経の布教の付属が促《うなが》される。

第七章
法華経二十八品

観世音菩薩普門品第二十五《かんぜおんぼさつふもんぼん》

三十三身をあらわす観音菩薩の秘力

観世音菩薩普門品《かんぜおんぼさつふもんぼん》は『観音経《かんのんぎょう》』という経名でも知られており、独立した経典として扱われることもある。とりわけ「世尊偈《せそんげ》」と呼ばれる後半の詩頌《しじゅ》の部分は有名で、いまも多くの宗派や観音霊場巡りの巡礼者などに読誦されている。

そもそも観音菩薩は梵天《ぼんてん》・帝釈天《たいしゃくてん》・毘沙門天《びしゃもんてん》・自在天《じざいてん》など相手の状況に応じて三十三もの姿に身を変えて、教えを説く菩薩だ。観音菩薩の救済は人々を悟りの世界に導き、成仏させようとするものであり、法華経の基本精神そのものといえる。

――釈尊は「観世音菩薩の名を唱えれば、人々は火難・水難・賊《ぞく》難・枷鎖《かさ》の難・悪鬼《あっき》の難・刀杖《とうじょう》の難・羅刹《らせつ》の難の『七難《しちなん》』をはじめ、あらゆる災難からたちどころに逃れることができる。つまり、もし悪意ある者があなたを火坑《かきょう》に落としこんだとしても、かの観音の力を念ずれば、火坑は池に変わってしまう。大海に漂流して竜などの海獣の住処に落ち込んだとしても、波浪《はろう》に沈むことはない。刀を手にした怨賊《おんぞく》に取り囲まれても、すぐに彼らは慈しみ深くなる。首枷《くびかせ》や鎖、手枷足枷《てかせあしかせ》で縛られることがあっても、縄目《なわめ》はたちまちほどける」と説いた。さらに釈尊は「観世音菩薩を礼拝し供養すれば、『七難』の物質的苦難に続いて貪《とん》・瞋《しん》・痴《ち》の『三毒《さんどく》』に代表される煩悩《ぼんのう》による精神的な苦も取りのぞくことができるし、息子の欲しい女性には福徳と智慧のある男の子が、娘の欲しい女性には容姿端麗《ようしたんれい》でみなに愛される女の子が生まれる」とも説かれた――

救いを求める人々の多くは、未来世の利益よりも現世での利益を望む。しかし、そうした利益を得るには心の修行を積むことが必要である。「観音菩薩の名を呼び、唱えよ」と説く観世音菩薩品は、その心の修行の必要性を示しているのだ。

観音菩薩の三十三身

1	仏身	聖者の三身（悟りを開いた者）
2	辟支仏身	
3	声聞身	
4	梵王身	天界の六身（天上界にいる神々）
5	帝釈身	
6	自在天身	
7	大自在天身	
8	天大将軍身	
9	毘沙門身	
10	小王身	人界の五身（人間界にいる者）
11	長者身	
12	居士身	
13	宰官身	
14	婆羅門身	
15	比丘身	四部衆（仏教修行者たち）
16	比丘尼身	
17	優婆塞身	
18	優婆夷身	
19	長者婦女身	四婦女身（十一身から十四身の妻女）
20	居士婦身	
21	宰官婦女身	
22	婆羅門婦女身	
23	童男身	幼童の二身（男女の子ども）
24	童女身	
25	天身	天竜八部衆（仏法の守護神）
26	竜身	
27	夜叉身	
28	乾闥婆身	
29	阿修羅身	
30	迦楼羅身	
31	緊那羅身	
32	摩睺羅迦身	
33	執金剛身	仏を護衛する仁王

陀羅尼品第二十六《だらにほんだいにじゅうろく》

法華経の説法者を守護する祈りの呪文

陀羅尼品《だらにほん》は、法華経を広める人々を守護する陀羅尼について説いている。陀羅尼とは、サンスクリット語のダーラニーの音写で、真言《しんごん》、総持《そうじ》、呪文《じゅもん》といった意味をもつ。法華経の説法者を守護するために、菩薩や神々、羅刹女《らせつにょ》などによって説かれる。

――薬王菩薩が法華経の説法をする人を守る陀羅尼を唱えると、釈尊は菩薩を讃えた。続いて勇施菩薩《ゆぜぼさつ》、毘沙門天《びしゃもんてん》、持国天《じこくてん》もそれぞれ法華経を受持する法師を護持するために陀羅尼を披露した。さらに十人の羅刹女や鬼子母神《きしもじん》も、その眷族《けんぞく》を引き連れて釈尊のもとに近づき、法華経を護持する者を守護する陀羅尼を説いた――

この品に登場する羅刹女は、もともとインド神話では鬼神や食人鬼である。だが、釈尊によって仏教に帰依《きえ》に導かれ、安産と育児の守護神になったという経緯があり、ここでは法華経の守護神となっている。

日蓮も法華経の守護女神として羅刹女を信仰しており、弟子や信徒に対しても信仰を奨励している。

妙荘厳王《みょうしょうごんのう》本事《ほんじ》品《ほん》第二十七

法華経との出会いの難しさを説く

法華経と出会うことは、よくあるようで、そうそうあることではない。それを実感させるのが、この妙荘厳王本事品《みょうしょうごんのうほんじほん》である。

――はるか昔、雲雷音宿王華智如来《うんらいおんしゅくおうけちにょらい》の時代、光明荘厳《こうみょうしょうごん》という国に妙荘厳《みょうしょうごん》という名の王とその夫人、それにふたりの子がいた。ふたりの息子には大神力があり、長く菩薩道の修行をしていた。息子たちは虚空に昇って身から水や火を出すなど、さまざまな不思議をあらわしたため、外道《げどう》の婆羅門《ばらもん》に帰依していた父王は感激して菩提心を起こした。その後、父母とふたりの王子は仏のもとに詣でる。そして「仏にはまことに会い難いものです」とふたりの息子が父母に出家を願い出ると、父王も弟に国を譲り、息子たちとともに出家。八万四千年、法華経の修行をして一切浄功徳荘厳三昧《いっさいじょうくどくしょうごんさんまい》という境地に達した――

仏に出会うことは三千年に一度咲く花を見るより稀《まれ》で、法華経を聞くことはそれより難しいということだ。この品では、法華経に出会うにはときに親子が引導《いんどう》し合うことも必要だと説いている。

第七章
法華経二十八品

普賢菩薩勧発品第二十八《ふげんぼさつかんぼっぽん》

仏滅後、法華経をどう会得するか

いよいよ最終品の普賢菩薩勧発品《ふげんぼさつかんぼっぽん》である。

――普賢菩薩が霊鷲山にやってきて、釈尊に尋ねた。「釈尊の入滅後、いかにして法華経に出会うことができますか」と。釈尊は「次の四つを実践すれば法華経を会得することができる。すなわち①諸々の尊い仏たちに加護されていると自覚すること、②善行功徳を積むこと、③正しい人々と交わること、④一切衆生を救う心を起こすことだ」と答えた。

普賢菩薩は釈尊にいう。「釈尊の入滅後、五百年が過ぎた濁悪《じょあく》の世において法華経を受持する者があれば、わたしはその者たちを守護し、そのわずらいを除いて安穏にします」と。釈尊は「もし法華経を受持・読誦・憶念《おくねん》・修習・書写する者があれば、その者は仏の口から経典を聞いていると知るべきである」と普賢菩薩の誓いを誉め讃えて語った――

そして釈尊が法華経を説き終わると、菩薩や声聞・縁覚をはじめとする聴衆たちはみなおおいに歓喜し、釈尊に礼拝して去っていった。こうして法華経は幕を閉じるのである。

本文写真提供／神奈川県立歴史博物館、東京国立博物館、京都国立博物館、日蓮宗新聞社、フォトライブラリー、身延山久遠寺、妙本寺、誕生寺、アドビストック、ピクスタ、ColBase（https://colbase.nich.go.jp）

参考文献 ●左記の文献等を参考にさせていただきました。

『「法華経」を読む』紀野一義、『日本の奇僧・快僧』今井雅晴、『法華経の世界』日蓮宗新聞編集部編（講談社）／『高僧伝9 日蓮』金岡秀友（集英社）／『信じない人のための〈法華経〉講座』中村圭志（文藝春秋）／『法華経入門』菅野博文（岩波書店）／『増補 日蓮入門』末木文美士、『日蓮の手紙』渡辺宝陽編著（筑摩書房）／『お経の本』、『日蓮の本』、『仏教人物の事典』、『日本の仏教の事典』、『法華経大全』大角修、『目からウロコの日蓮と日蓮宗』小松邦彰（学習研究社）／『仏教』末木文美士監、『お経の基本がわかる小事典』松濤弘道（PHP研究所）／『知識ゼロからの仏教入門』長田幸康（幻冬舎）／『法華経 久遠の救い』渡辺宝陽、『日蓮 心の交流』北川前肇（日本放送協会出版）／『法華経』中村元（東京書籍）／『法華経入門』則武海源（角川学芸出版）／『歴史と人物でわかる仏教』田中治郎、『知っておきたい日蓮宗』庵谷行亨（日本文芸社）／『いちばんやさしい！ 日本仏教がわかる本』一校舎社会研究会編（永岡書店）／『日蓮がわかる本』ひろさちや監（主婦と生活社）／『日蓮の世界』山折哲雄監、『法華経に学ぶ』赤根祥道（佼成出版社）／『図解雑学 仏教』廣澤隆之、『図解雑学 日蓮』藤井寛清（ナツメ社）／『日蓮』中尾堯、『日本の名僧12 日蓮』佐々木馨編（吉川弘文館）／『よくわかる仏事の本 日蓮宗』松村寿巌監（世界文化社）／『日蓮』佐藤弘夫（ミネルヴァ書房）／『うちのお寺は日蓮宗』『うちのお寺は天台宗』藤井正雄総監（双葉社）／『謎の日本史』安田元久監（新人物往来社）／『日本名僧100話』宮坂宥勝監 中嶋繁雄著（立風書房）／『日蓮宗小事典』冠賢一ほか編（法藏館）／『［図説］法華経入門』大法輪閣編集部編、『法華信仰のかたち』望月真澄（大法輪閣）／『日本仏教基礎講座7 日蓮宗』渡辺宝陽ほか編（雄山閣）／『仏教経典の世界』（自由国民社）／『厩戸皇子読本』藤巻一保（原書房）／『日本人の心の言葉 日蓮』中尾尭（創元社）／『日蓮聖人の手紙』石川教張訳著（国書刊行会）／『日蓮 女性への手紙』永田美穂（暁出版）／『妙法蓮華経』善家基明（まどか出版）／日蓮宗新聞社資料本書は小社より刊行された『図説 あらすじでわかる! 日蓮と法華経』
(二〇一〇年)、を加筆修正の上、再編集したものです。

監修者紹介

永田 美穂　中国・上海生まれ。日本経済新聞社（月刊誌編集）勤務後、仏教史の編集主幹などを歴任しつつ、NHKや民放各局のテレビでも活躍。日蓮宗新聞社・編集委員やNHK学園「仏典講座」などの講師を経て、現在は執筆・講演に専心。主な著書に『日蓮聖人・女性への手紙』（日蓮宗新聞社）、『日本人のための仏教ガイド』（大法輪閣）、『図解 仏教13宗派がよくわかる本』（リベラル社）、監修に『図説 一度は訪ねておきたい！日本の七宗と総本山・大本山』（小社刊）などがある。

図説《ずせつ》 ここが知《し》りたかった！
日蓮《にちれん》と法華経《ほけきょう》

2024年2月5日　第1刷

監修者　永《なが》田《た》美《み》穂《ほ》
発行者　小澤源太郎

責任編集　株式会社 プライム涌光
電話　編集部　03(3203)2850

発行所　株式会社 青春出版社
東京都新宿区若松町12番1号 〒162-0056
振替番号　00190-7-98602
電話　営業部　03(3207)1916

印刷　共同印刷　　製本　フォーネット社

万一、落丁、乱丁がありました節は、お取りかえします。

ISBN978-4-413-23341-5 C0015

「ミスなし、ムダなし、残業なし」に変わる！
「テンパリさん」の仕事術
鈴木真理子

ビジネスの極意は
世阿弥が教えてくれた
大江英樹

6歳から身につけたいマネー知識
子どものお金相談室
キッズ・マネー・スクール
三浦康司
草野麻里［監修］

他人がうらやむような成功をしなくても幸せな
「天職」を生きる
適職、転職、起業…今のままでいいのかな？と思ったら読む本
松田隆太

0～7歳 モンテッソーリ教育が教えてくれた
子どもの心を強くする
10のタイミング
丘山亜未

青春出版社の四六判シリーズ

ちょっと変えれば人生が変わる！
部屋づくりの法則
高原美由紀

今日の自分を強くする言葉
へこんだときも、迷えるときも。
植西 聰

我慢して生きるのは、
もうやめよう
「ストレス耐性低めの人」が幸せになる心理学
加藤諦三

さだまさしから届いた
見えない贈り物
心に残る気遣い、言葉、そして小さな幸せ
松本秀男

「センスがいい人」だけが
知っていること
一度知ったら、一生の武器になる「服選び」
しぎはらひろ子